Barbara Schaefer

Lesereise Neapel

Barbara Schaefer

Lesereise Neapel

Wo die Fische nach Vulkan schmecken

Picus Verlag Wien

Napule è mille culure
Napule è mille paure
PINO DANIELE

Grafische Gestaltung: Dorothea Löcker, Wien
Umschlagabbildung: © bluejayphoto / iStockphoto
Druck und Verarbeitung:
EuroPB, s.r.o., Tschechische Republik
ISBN 978-3-7117-1101-4

Informationen über das aktuelle Programm
des Picus Verlags und Veranstaltungen unter
www.picus.at

Inhalt

Prendiamo un caffè

Wie Neapel den caffè sospeso erfand

Der Satz, so schlicht er sein mag, ist praktisch unübersetzbar: *Prendiamo un caffè*. »Lass uns einen Kaffee trinken« bedeutet er jedenfalls nicht. Das Problem fängt schon damit an, dass Kaffee und *caffè* zwei völlig verschiedene Dinge sind. Ein Kaffee ist Filterkaffee in einer ordentlich großen Tasse, ein italienischer *caffè* hingegen, also das, was man auf Deutsch Espresso nennt, auch wenn es in Italien so nicht heißt, ist ein Nichts. Ein guter Fingerhut voll in einer kleinen, dickwandigen Espressotasse. Und sei die Tasse noch so klein, so bedeckt der *caffè* doch fast nur den Boden. Beinahe könnte man schon die Zukunft aus dem Kaffeesatz lesen, bevor man überhaupt getrunken hat. Getrunken ist er natürlich schnell. Ein Tütchen Zucker aufreißen, reinrieseln lassen, kurz umrühren, zack weg.

Aber auch die Aufforderung, Kaffee zu trinken oder eben einen *caffè* »zu nehmen«, bedeutet etwas völlig anderes. Unsere Vorstellung davon, sich auf eine Tasse Kaffee zu treffen, meint, in ein Café zu gehen, sich hinzusetzen, Kaffee zu bestellen und vermutlich auch ein Stück Kuchen dazu, während man darauf wartet, plaudert man. Oder gar auf der Straße einen Pappbecher mit sehr viel Milch und nur einem Schuss Kaffee herumzutragen.

Der *caffè* hingegen steht für die Ouvertüre, damit

beginnt alles. Etwa so: Ich habe eine Verabredung mit jemandem, den ich nicht kenne. Sein Büro befindet sich in dem Hochhaus direkt an der Piazza Garibaldi, der Eingang versteckt sich im Bahnhofsinneren. Endlich hat man sich durchgefragt, die Tür gefunden, den Aufzug. In der entsprechenden Etage muss ich mich beim Portier anmelden, der telefoniert, sagt: Einen Moment bitte, man nimmt auf seltsamen Polstermöbeln Platz und endlich kommt er, nennen wir ihn Luca. Händeschütteln, Begrüßung, wir gehen in sein Büro, ich soll wieder Platz nehmen, er räumt Stapel von Zeitungen beiseite, schreibt kurz noch eine Mail und sagt: »*Dai, prendiamo un caffè.*« Das bedeutet nun natürlich nicht, dass er in eine – nicht vorhandene – Teeküche geht und dort eine Kanne holt, in der seit Stunden Kaffee vor sich hin simmert. Sondern: Wir gehen raus, vor zum Portier, runter mit dem Aufzug, durch den Bahnhof, *ciao* Enzo, wie geht es dir, wir telefonieren, *ciao* Maria, ah wir sehen uns nachher gleich. Luca scheint hier viele zu kennen.

Wir gehen in eine Bar. Um keine Missverständnisse aufkommen zu lassen: Eine Bar ist keine Bar, sondern, ja, wie soll man es erklären? Etwas, das sich im deutschsprachigen Raum leider nicht durchgesetzt hat. Ein langer Tresen, dahinter wuselige *bariste,* die mit Getöse Siebträger ausklopfen, neu befüllen, einspannen, Milch aufschäumen und dabei viele schwungvolle Bewegungen ausführen.

Auf Stühle könnte man sich hier auch setzen. Theoretisch. Was möchtest du? Einen *caffè*? Eigentlich ist das keine Frage, tatsächlich möchte ich aber keinen *caffè*. Ich habe schon vier davon getrunken, nach den zwei *cappuccini* zum Frühstück. Die schwarze Lava brodelt in meinen Venen, das Herz pumpt wie eine Magmakammer, ich möchte wirklich und ganz bestimmt keinen *caffè* mehr. Nichts gibt es nicht, also möchte ich ein Mineralwasser. Das geht aber auch nicht, das ist irgendwie zu wenig. Eine Lemonsoda. Ja, endlich ist Luca mit meiner Bestellung einverstanden. Natürlich habe ich keine Chance zu bezahlen. Aber auch die drei Männer, die Luca beim Eintreten begrüßt hat, kommen nicht zum Zug. Luca zahlt fast eine Lokalrunde, die Freunde protestieren angemessen. Wir gehen raus, in den Bahnhof, Luca erklärt, das nächste Mal würden eben die Freunde bezahlen, »so machen wir das in Neapel«.

Wieder spazieren wir durch den Bahnhof, wieder treffen wir auf Leute, und Luca sagt zu ihnen: »Darf ich vorstellen, eine Freundin aus Deutschland.« Das macht den Unterschied: Wir haben schließlich schon einen *caffè* zusammen getrunken. Wir sind alte Freunde. Als wären wir schon gemeinsam ums Lagerfeuer gesessen.

Prendiamo un caffè ist also ein essenzieller Bestandteil des Lebens in Italien, in Süditalien vor allem. Ein Espresso im Stehen – die Stühle sind wirklich nur Dekomaterial – kostet neunzig Cent, die Vorstellung, sich das nicht leisten zu können, erschütterte die Neapolitaner. Und deshalb erfanden sie den *caffè sospeso*, einen aufgeschobenen *caffè*. Das geht so: Man trinkt seinen Espresso, bezahlt aber zwei davon; den zweiten für einen nächsten, unbekannten Gast. Es sei so, als würde ein glücklicher Neapolitaner »dem Rest der Welt einen *caffè* bezahlen«, beschreibt es der Schriftsteller Luciano de Crescenzo.

Das Gran Caffè Gambrinus, das edelste Kaffeehaus Neapels am Ende der Via Toledo, an der Piazza Trieste e Trento, reklamiert für sich, an seinem Tresen sei der »aufgeschobene *caffè*« das erste Mal serviert worden, und zwar schon Mitte des 19. Jahrhunderts. So steht es auf einer großen Tafel an der Fassade. Andere Quellen schreiben die Anfänge des Solikaffees der Zeit des Zweiten Weltkriegs zu, als es vielen Menschen in der Stadt sehr schlecht ging. Auf jeden Fall Fahrt aufgenommen hat das *Caffè*-Trinken, und damit auch der *sospeso*, mit der Einführung der 1905 – ausgerechnet in Mailand – erfundenen Pavoni. Dank der ersten halb automatischen Kaffeemaschine mit dem klassischen Dampfdruckhebel ging das *Caffè*-Zubereiten so schnell wie ein D-Zug, *espresso* eben.

Im Gran Caffè Gambrinus steht heute ein großer Metallbehälter, eine historische Kaffeemaschine, sie trägt eine Aufschrift in zahlreichen Sprachen, hier könne man einen *scontrino*, also den Kassenzettel, für einen *caffè sospeso* hinterlassen.

Andere Bars in der Altstadt weisen mit einem Foto auf den Gebrauch des *sospeso* hin. Es zeigt eine Filmszene mit Totò, dem berühmtesten neapolitanischen Schauspieler. Wie verwoben die Stadt und der *caffè* sind, belegt auch eine andere Filmszene, darin erklärt die junge Sophia Loren, aufgewachsen in der Nähe von Neapel, das perfekte Rezept für das Getränk. Natürlich röstet sie die Bohnen dafür selbst, wie sie heiter und im Dialekt erklärt. Die Balkonszene aus dem Film »Questi fantasmi«

ist die Abwandlung einer Komödie eines weiteren berühmten Neapolitaners, Eduardo de Filippo.

Und wer irgendwo Straßenmusiker mit traditionellem Repertoire stehen sieht, muss nur ein, zwei Lieder abwarten, dann wird der neapolitanische Gassenhauer »A tazz' e cafè« erklingen, und die Umstehenden werden einstimmen: »*Vurría sapé pecché si mme vedite, facite sempe 'a faccia amariggiata …*« »Ich würde gerne wissen, warum du immer so ein saures Gesicht machst, wenn du mich siehst«, heißt das in etwa aus dem Neapolitanischen übersetzt. In der *canzone* von 1918 jammert ein Besucher, warum die *barista* Brigida ihn so schlecht behandelt. Sie sei wie eine *tazza di caffè*: Tief drinnen süß, aber auf der Oberfläche bitter. Er aber brauche »das Süße der Tasse« jeden Tag.

Luca, der bei unserem Barbesuch seine Freunde eingeladen hat, sagt, für ihn sei der *caffè sospeso* Teil der neapolitanischen Identität. So könne auch irgendein armer Mensch einen *caffè* trinken. »Wir sehen das als ein Zeichen von Normalität und von Würde. Es bedeutet: Du bist noch Teil der Gesellschaft«, sagt der Neapolitaner.

Funiculì, Funiculà

Ein Bild von einer Stadt

Eine lang gezogene Bucht, eine ausufernde Stadt und ein doppelgipfliger Berg – Neapel ist ein Bild von einer Stadt und auch auf häufig abgebildet. Spätestens seit der Grand Tour, als junge Adelige – oft aus England – zu antiken Stätten im Süden des Kontinents aufbrachen, wurde Neapels unverwechselbare Silhouette immer wieder gemalt. Und die Gemälde zogen wiederum neue Reisende an, nicht anders als heute Instagram. Ein bisschen ähnelt die Idee der Grand Tour ohnehin dem Gap Year, wenn heute Schulabgänger erst einmal etwas von der Welt sehen wollen, bevor sie sich beruflich und mit der Familienplanung festlegen.

Viele der damaligen Reisenden kamen nur bis Rom, einige schafften es bis Neapel, Goethe kam am 25. Februar 1787 an, blieb fast fünf Wochen, bestieg den Vesuv, bereiste Pompeji und wandelte stundenlang durch die Gassen Neapels, der bei Weitem größten Stadt, die er je bereiste. Andere folgten ihm, um ausrufen zu können, was Goethe als Motto seiner »Italienischen Reise« vorangestellt hatte: »Auch ich in Arkadien!«

Wie aber kann man sich dieses Bild der Stadt selbst aneignen, wo sieht man sie so ikonografisch, wie sie Carl Blechen und Carl Götzloff malten – und wie sie die Wand so mancher Pizzeria auch in

Deutschland ziert? Davon abgesehen, dass viele der Gemälde natürlich idealisierte Versionen Neapels abbilden und nicht die wirkliche Stadt am Golf – den besten Blick genießt man vom Meer aus. Eine Reise nach Ischia oder Capri lohnt sich also nicht nur wegen dieser hübschen Inseln, sondern wegen des Blicks von der Fähre aus zurück.

Aus der Altstadt heraus sieht man – nichts. Die eng stehenden Häuser geben gerade mal ein Stück Himmel frei, garniert mit der Wäsche des Tages auf Leinen von Haus zu Haus. Man muss hinauf, etwa auf den Vomero, und sei es nur, um runterzuschauen. Zum Glück gibt es dafür die Standseilbahnen. Wer nun zu trällern anhebt: »Funiculì, Funiculà«, hat den richtigen Ton getroffen. *Funiculì* bedeutet im Dialekt Seilbahn, damit gemeint war die berühmteste, die auf den Vesuv hinaufführte.

Der »Funicolare del Vesuvio« wurde am 6. Juni 1880 eingeweiht. Die Seilbahn funktionierte als Pendel – der abwärtsfahrende Wagen zog den zweiten an einem Stahlseil nach oben. Passend dazu wurde ein Werbesong komponiert, das bis heute berühmte »Funiculì, Funiculà«. 1944 zerstörte ein Ausbruch des Vesuvs die Seilbahn komplett, sie wurde nicht wieder aufgebaut.

Doch in Neapel sind weiterhin vier moderne Standseilbahnen in Betrieb, ein praktisches, schnelles und günstiges öffentliches Verkehrsmittel. Zwei davon, Chiaia und Monte, gingen ebenfalls schon in den 1880er-Jahren in Betrieb, die beiden anderen entstanden vierzig Jahre später, um die neuen Wohnquartiere auf dem Hügel Vomero leichter erreichbar zumachen.

Oben angekommen, kann man endlich einen Blick auf die ausufernde Stadt werfen, die lang gezogene Bucht, den doppelgipfligen Vulkan. Um dann wieder einzutauchen in die Altstadt, gerade so, wie Goethe es beschrieb: »Zwischen einer so unzählbaren und rastlos bewegten Menge durchzugehen, ist gar merkwürdig und heilsam. Wie alles durcheinander strömt und doch jeder Einzelne Weg und Ziel findet! In so großer Gesellschaft und Bewegung fühle ich mich erst recht still und einsam; je mehr die Straßen toben, desto ruhiger werde ich.«

Am besten wirft man sich dafür in die Straßenschlucht Spaccanapoli, mehr dazu auf den nächsten Seiten.

Spaccanapoli

Eine Straße, die teilt und verbindet zugleich

Es tropft und riecht nach Waschmittel. Wie ein messerscharfer Schnitt durch eine Buttertorte zerteilt die Via Pasquale Scura die Altstadt Neapels. Mit dieser engen Straße beginnt Spaccanapoli, eine Abfolge von sieben Straßen, deren Name tatsächlich dies bedeutet: Neapelzerteilerin. Vor allem von oben, vom Stadthügel Vomero aus, ist diese Schneise gut zu erkennen. Dabei ist die Straße genau genommen älter als die Häuser an ihren Seiten, denn sie folgt bis heute dem Decumanus, der wichtigsten Ost-West-Achse der antiken römischen Stadt – die auch schon ihrem griechischen Vorläufer in Neapolis, der Neuen Stadt, entsprach.

Steigt man vom Vomero steile Treppen hinab, kann man sich direkt in Spaccanapoli einfädeln und gelangt mitten hinein in den Bauch Neapels. Es tropft und riecht nach Waschmittel, weil hier traditionell die Wäsche über die Gasse gespannt wird, heute war Feinwäsche dran, Dessous baumeln an den Wäscheleinen. Darunter verkauft Electrolux Haushaltsleitern und Bügeleisen. Die Bäckerei Pane, Amore e Fantasia wird umlagert von Nachbarinnen, *cornetti* und *pane* – das Gebäck des Hauses – müssen wohl gut sein. Einer auf einem E-Bike mit dicken Reifen kommt vorbei, grüßt den Bäcker. Es folgen ein Wettbüro, eine *polleria*, also eine Hähnchenbraterei, ein Obststand, ein Putzmittelladen; hier wohnen die, die schon immer hier wohnten, auch wenn das nun als Fußgängerzone ausgewiesen ist. Das heißt, hier fahren also fast nur Motorroller; umkurven erschreckend nah die Passanten. Abstand halten? Solange dich der Rückspiegel nicht streift, ist doch alles in Ordnung.

Aber gegenüber der Bäckerei ist das Birrificio Geco eingezogen, das »Craft Beer« ausschenkt, und das sagt schon alles. Wo Craftbier angeboten wird, breitet sich die Gentrifizierung aus, hier verkehrt nicht mehr nur die Nachbarschaft.

Spaccanapoli geht weiter als Via Maddaloni und kreuzt die Via Toledo, die Einkaufsmeile der Stadt – von Einheimischen immer noch Via Roma genannt. Denn unter den Faschisten war alles verboten, was nicht italienisch war. Also wurde die Via Toledo in Via Roma umgetauft, eine Via Roma sollte durch jede Stadt führen, und natürlich musste das eine repräsentative Straße sein. Hierher kamen die Menschen zum Bummeln, *fare lo struscio* hieß das, *struscio* bedeutet Streifen und bezeichnete das Geräusch der Kleidersäume auf dem Boden.

Weiter geht es in die Altstadt, kurz danach heißt Spaccanapoli Via Domenico Capitelli, hier beginnt jener Teil des *centro storico*, der 1995 von der UNESCO als »Patrimonio dell'umanità« ausgezeichnet wurde, als Weltkulturerbe. Sofort steigt die Dichte an Souvenirläden mit Keramik aus Vietri, bunten Nudeln, Lederwaren. Ich kaufe mir eine Umhängetasche, die ich auch quer tragen kann. Denn vor dem Handtaschenraub von Motorrollern aus, dem sogenannten *scippo*, sollte man sich immer noch in Acht nehmen.

Aber Spaccanapoli hat sich verändert. Vor Jahren war es hier düster, unheimlich, man schaute, dass man weiterkam, wenn man sich hierher verirrte. Heute muss man eher schauen, dass man noch vorwärtskommt. Hat ein Kreuzfahrtschiff angelegt, und davon kommen nun viele, schieben sich Gruppen durch die enge Gasse. *Mordi e fuggi* wird dieser Tourismus genannt, beißen und flüchten lautet die wörtliche Übersetzung, »auf die Schnelle« die übertragene Bedeutung. Alle wollen dieses spezielle Neapelgefühl genießen, und einige auch die Sehenswürdigkeiten. Tatsächlich bietet die berühmte Straße nicht nur Atmosphäre in geballter Version – sondern auch viel zu sehen.

So an der ersten breiteren Stelle, der Piazza del Gesù Nuovo. Gerade wird eine ganze Welle junger Menschen aufs Pflaster gespült. Es ist Mitte September, der erste Schultag nach den endlosen Sommerferien zu Ende. Alle chillen, checken ihre Handys, haben einander viel zu erzählen. Nebenan steht die Jesuitenkirche Gesù Nuovo, ein Umbau, entstanden aus einem Renaissancepalast, dessen Besitzerfamilie in Ungnade gefallen war und Neapel verlassen musste. Die Jesuiten schnappten sich den *palazzo* mit der auffälligen Fassade: Die Diamantenquader aus Tuffstein zeigen eigenartige Querstriche. Eine Erklärung lautet, sie stammten von den Handwerkern, die so festhielten, was sie gebaut hatten, und abrechneten. Eine andere These besagt: Die Jesuiten hätten darin eine alte Notenschrift versteckt. 1767 wurden dann auch die Jesuiten aus dem Königreich Neapel verbannt, durften aber ein halbes Jahrhundert später zurückkehren.

Auch ein Blick auf das Straßenpflaster lohnt sich: blank gewetzte und schwarz glänzende Quader, Basalt vom Vesuv. Doch vor allem fällt auf: Überall ist es eng und voll. Der Eindruck täuscht nicht: Im Durchschnitt liegt die Bevölkerungsdichte in Neapel bei über achttausend Menschen pro Quadratkilometer, das allein ist schon fast das Doppelte von München. In der Innenstadt aber, etwa im neunten Stadtteil San Lorenzo, sind es rund dreiunddreißigtausend Einwohner pro Quadratkilometer.

Aus einem Hof nebenan fahren vier schwere Motorräder heraus, vier Männer nehmen auf dem Soziussitz Platz, keiner der acht Fahrer trägt einen Helm, das fällt sogar in Neapel auf. »Zivilpolizei«, raunt mir eine Neapolitanerin zu. Woher sie das wisse, frage ich. »Das sieht man doch sofort«, sagt sie mit einem müden Lächeln.

Eine gewisse Mattigkeit bemächtigt sich meiner nun. Zu viele Menschen, zu viele Eindrücke, aber genau hier naht Abhilfe. Wenige Schritte entfernt wartet Santa Chiara, ein gewaltiger gotischer Kirchenbau, mit seinem zauberhaften zierlichen Kreuzgang, dem Chiostro delle Maioliche. Maria Amalia von Sachsen, die Gattin des neapolitanischen Bourbonenkönigs Karl III., ließ den Kreuzgang einst in einen Garten verwandeln. Hier kann man durchatmen, Vögel zwitschern, Orangenblütenduft zieht vorbei und die Farbenpracht ist doppelt: Begrenzungsmauern, Säulen und Bänke sind geschmückt mit bunten Majolika-Fliesen.

Erholt wie nach einem kurzen Mittagsschlaf werfe ich mich wieder in Spaccanapoli. Meine Wasserflasche ist leer, ich sehe einen Brunnen, »kann man das trinken?«, frage ich die Umstehenden. »*L'acqua é buona*«, rufen sie aus, zur Bestätigung beugt sich einer hinunter, drückt auf den Knopf des messingfarbenen Hahnes, trinkt sogleich. Ich fülle meine Flasche auf. Wo kommt Neapels Wasser her? Kurz geht mir ein Thriller von Robert Harris durch den Kopf. In »Pompeji« erzählt er spannend und anschaulich ganz nebenbei die Geschichte der Trinkwasserversorgung Neapels während des Römischen Reiches. Es wurde und wird aus der Gegend des Vesuv in die Stadt geleitet.

Ausnahmslos alle Souvenirläden bieten kleine rote Hörnchen an, meist als Schlüssel- oder Kettenanhänger. Das *curniciello* erinnert an eine Pepperonischote, wurzelt aber tief im Aberglauben. Es soll gegen den bösen Blick helfen, wirkt aber nur, wenn man es geschenkt bekommt. Ein perfektes Mitbringsel also. Es ist traditionell aus Koralle, meist aus bemalter Terrakotta oder eben aus Plastik und aus China.

An der nächsten, blau-weiß dekorierten Bar hängen Bilder des inoffiziellen Stadtheiligen: Maradona, seit fast schon vierzig Jahren verehrtes Idol der Stadt. Diego Armando Maradona Franco, geboren 1960 in Argentinien, kam 1984 als bereits weltberühmter Fußballer zum SSC Napoli. Ein nie gelüftetes Geheimnis blieb, wie der Verein die gewaltige Ablösesumme von damals vierundzwanzig Millionen D-Mark auftreiben konnte. Der Ankauf lohnte sich jedenfalls: Mit und für den SSC Napoli gewann Maradona bis 1991 zweimal die italienische Meisterschaft sowie den italienischen Pokal und den UEFA-Pokal. Für Neapel war der Argentinier Balsam auf die wunde Seele, man konnte den großen norditalienischen Teams etwas entgegensetzen, Neapel galt etwas, und nicht nur in der Fußballwelt. Maradonas Titelflut machte ihn zum Helden der Stadt. Aber der Sturz war tief: Bei einer Dopingprobe wurde ihm 1991 Kokain nachgewiesen, Maradona setzte sich nach Argentinien ab. Dort wurde er wegen seines Drogenkonsums verhaftet, zu einer Freiheitsstrafe verurteilt, als Spieler gesperrt und zu einer Entziehungskur verpflichtet. Eine Vaterschaftsklage kam noch hinzu. Das scheint in Neapel alles vergessen, nicht aber die Erfolge, Siege, Triumphe, auch wenn diese nun fast vierzig Jahre zurückliegen. Das Gesicht hochemotional verzerrt ist sein Porträt in der Stadt allgegenwärtig, und das blau-weiße Trikot mit der Nummer 10 kann man als Souvenir kaufen. Der SSC Napoli aber war nach Maradonas Weggang im freien Fall, stieg ab, verschuldete sich, musste 2004 Konkurs anmelden. Später hat er sich berappelt und spielt heute wieder verlässlich oben mit. Doch Maradonas Trikotnummer 10 wird nicht mehr vergeben.

Da sich auf den knapp zwei Kilometern von Spaccanapoli alles ereignet, was zu Neapel gehört, wird hier auch viel geheiratet. Immer wieder flaniert ein Brautpaar mit Gefolge vorbei. Alle haben sich fein gemacht, so gehört sich das, so wird es auch erwartet. Doch mit den pompösen Feiern verschulden sich junge Leute oft auf Jahre hinaus. In Spaccanapoli werden sie von ihren angeheuerten professionellen Hochzeitsfotografen bedrängt. Und über allen schwirrt eine Drohne.

Weiter Richtung Via Benedetto Croce, gewidmet dem neapolitanischen Philosophen und liberalen

Kämpfer gegen den Totalitarismus. Es wird voller, und die Straße mehr und mehr zur Streetfood-Meile. Hunger habe ich nach dem Spaziergang ohnehin, ich kann wählen zwischen *pizza fritta*, also fettig frittierter Pizza, Frittiertem in Tüten oder den unglaublich leckeren *taralli*, in einem Schaufenster wie Goldpreziosen präsentiert. Ein Handtellergroßer, salziger Gebäckring, dicht bestückt mit Mandeln.

Unter der Pestsäule am Largo San Domenico hocken Studierende, und an den Straßenständen staubt ein fliegender Händler die grün verspiegelten Sonnenbrillen mit einem Federbusch ab. Wie viel Staub und Dreck in der Luft Neapels hängt, merkt man abends im Hotel, wenn man sich das Gesicht wäscht und eine schwarze Brühe ins Waschbecken gluckert.

Eine Ecke weiter breiten Straßenhändler, meist Schwarzafrikaner, auf Kartons oder Laken ihre Ware aus. Bis die *carabinieri* sie verjagen. Zwei Zivilpolizisten kommen: »Hopp, zusammenpacken!« Die Afrikaner schnappen sich die vier Zipfel ihrer Betttücher, auf denen sie ihre Fake-Handtaschen ausbreiten, und sind weg. *Scusi*, entschuldigen sie sich noch bei der Polizei. Für den Fehler, nicht gemerkt zu haben, dass Polizei kommt. Und gehen eine Ecke weiter und packen wieder aus. Natürlich sind gefälschte Waren auch in Italien verboten. Die Straßenhändler sind nur die sichtbaren, kleinen Leute, das Geschäft dahinter macht die Camorra. In einem Bild zusammengefasst hat das Banksy. Auf der kleinen Piazza Gerolomini prangt ein kleines Bild des britischen Streetart-Künstlers. Es zeigt eine Madonna, in deren Heiligenschein eine Pistole steckt; Katholizismus und Camorra in einem Bild vereint.

Noch einmal Kunst, aber diesmal hauswandgroß, taucht bald auf. Sie leitet den Übergang zum Stadtviertel Forcella ein, ein harter Kiez, auf einmal sind kaum noch Touristen zu sehen. Um das zu ändern, schuf der Straßenkünstler Jorit Agoch das riesige Mural. Es zeigt San Gennaro, den echten Stadtheiligen Neapels.

Wer weitergeht, lernt mehr über die Stadt als beim Spaziergang im oberen Teil von Spaccanapoli. Denn was Neapel tatsächlich spaltet, und eben vieles zerstört, sind die brutalen kriminellen Hintergründe. In der Via Vicaria Vecchia listet ein Schriftband mit dem Titel *#noninvano* endlos viele Namen auf, *»le vittime innocenti della criminalità in Campania«*, die unschuldigen Opfer der Kriminalität in Kampanien, die eben nicht umsonst – *invano* – gestorben sein sollen. Bald folgt die Associazione Annalisa Durante, eine Art Stadtbibliothek und Sozialzentrum, gewidmet der Vierzehnjährigen, die bei einer Schießerei ums Leben kam. An der Wand hängt ein Zeitungsartikel, in dem der Vater des Mädchens bewegend erzählt.

Hier, wo im Erdgeschoss nicht die Souvenir-*Curnicielli* verkauft werden, wirkt Spaccanapoli noch wie vor dem Tourismusboom. Hier wohnen in den ebenerdigen Wohnungen, den *bassi*, noch die einfachen und oft armen Leute. Jene *bassi*, auch bekannt unter der neapolitanischen Bezeichnung *o Vascio*, sind kleine Häuser mit ein oder zwei Räumen im Erdgeschoss und direktem Zugang zur Straße. Durchs Fenster sieht man direkt ins Wohnzimmer, da steht oft das *motorino*, der Motorroller, zwischen Fernseher und Schlafcouch.

Die neapolitanische Schriftstellerin Matilde Serao, die einige Jahre in einem *basso* lebte, beschreibt diese so: »Häuser, in denen man im Kabuff kocht, im Schlafzimmer isst und im selben Raum stirbt, in dem andere schlafen und essen; Häuser, deren Keller, die ebenfalls von Menschen bewohnt sind, den alten Strafgefängnissen ähneln.« Die *bassi* galten als Synonym für Wohnungen armer Leute, aus ihnen heraus gab es wegen der schlechten hygienischen Bedingungen Pestepidemien und Cholera-Ausbrüche. 1881 existierten nach einer Volkszählung rund dreiundzwanzigtausend *bassi*, in denen hundertfünftausend Neapolitaner lebten, das war aber noch nicht der Höchststand. 1931 waren es über dreiundvierzigtausend mit fast zweihundertzwanzigtausend Bewohnern. Das war ein Viertel der Einwohner Neapels.

Manche *bassi* sind heute umgemodelt zu Ferienwohnungen, B&B, wie das auch in Italien heißt. Wobei das zweite »B«, das Breakfast, auch gerne mal aus einer Schublade mit Zwieback, Keksen und Kaffeepulver besteht. Sucht man auf den einschlägigen Plattformen nach einer zentralen Unterkunft, muss man sich die Fotos schon genau ansehen. Manchmal sehen die Apartments toll aus, sind schön möbliert, aber alles wirkt lichtlos. Moment, wo ist denn da das Fenster? Es gibt keines. Wenn man eintritt, steht man bereits zwischen Bett und Tisch.

Am Ende des Spaziergangs durch den Bauch von Neapel (so heißt ein berühmtes Buch der schon zitierten Matilde Serao) erkennt man: Spaccanapoli ist gar nicht so sehr eine Zerteilerin, sondern hat etwas Verbindendes. Vom edlen Wohnviertel Vomero über eine gewöhnliche Nachbarschaftsgegend, durch die touristische Zone, weiter in ein schwieriges Viertel, gezeichnet von den Narben der Kriminalität.

Aber auch ganz normaler Alltag, wie am Anfang der Straße, wo wie hier auch wieder die Wäsche zum Trocknen von Haus zu Haus aufgespannt hängt. Statt Souvenirläden bieten hier die lokalen Minisupermärkte alles, was man so braucht. Jetzt etwa dringend Papiertaschentücher, um die vom Staub verklebte Nase zu reinigen. In der Auslage, zwischen Obststeigen und billigen Keksen, sind keine zu sehen, also drinnen nachgefragt. Die Verkäuferin zieht eine Packung hervor, also einen Zehnerpack. So viel wollte man nun eigentlich nicht. »Drei Euro«, sagt sie. »Woanders verkauft man Ihnen ein einzelnes Päckchen für einen Euro, jetzt nehmen Sie schon!« Wer wollte da widersprechen.

Das Ende von Spaccanapoli führt auf den Hauptbahnhof zu. Der ist, wie in vielen anderen Städten auch, das Viertel mit der am stärksten internationalen und multikulturellen Bevölkerung. Dazu später mehr.

Neapel sehen

– und Schokolade essen

Tritt man aus der Hitze der Stadt in die Verkaufsräume von Gay-Odin, empfängt einen angenehme Kühle. Die Temperatur gilt allerdings nicht den Kunden, sondern den sensiblen Produkten: Gay-Odin ist Neapels bekanntester Schokoladenhersteller, eine erstaunliche Tradition in einer so heißen Stadt. Auf dem Tresen versammeln sich zauberhaft verpackte Schokoladen, in Spanschachteln, die der Vesuv ziert, in Bonbonnieren, in Cellophan. Viele versehen mit dem jugendstilig verschnörkelten Firmennamen.

»Essen Sie eigentlich noch Süßes, Massimo Schisa?« Der Geschäftsführer von Gay-Odin verdreht die Augen: »Und ob!« Gestern habe er jedoch mit einer Diät angefangen. Das brauche er jährlich.

Gay-Odin, welch seltsamer Name. Er hat nichts mit dem Göttervater Odin / Wotan zu tun, sondern setzt sich aus zwei Familiennamen zusammen. Alles begann mit Isidoro Odin, einem jungen Mann aus dem Piemont. Der wanderte 1888 in den Süden Italiens aus, das war damals nicht so ungewöhnlich. Isidoro war ein aufstrebender junger Mann, er wollte in seinem Leben etwas erreichen. Da war das moderne Neapel die Stadt der Wahl.

Aber erst seit Kurzem. Noch in den Jahrzehnten davor hatten Seuchenausbrüche die dicht bevölkerte Stadt verwüstet. 1884 tötete eine weitere Cholera-Epidemie achttausend Einwohner. Neapel verzeichnete die höchste Sterberate europäischer Großstädte. Die knapp eine halbe Million zählende Einwohnerschaft der süditalienischen Metropole lebte auf engstem Raum. Nach der Katastrophe begann Neapel 1888 mit dem *risanamento* – gigantischen städtebaulichen Sanierungen, die die hygienischen Zustände verbessern sollten. Ganze Viertel wurden abgerissen, Schneisen in die enge Altstadt geschlagen, neue Stadtviertel entstanden.

Man sprach davon, die Stadt auszunehmen, ihr den Bauch aufzuschlitzen – *sventrare* – ein Wortspiel, das Bezug nahm auf den bald schon berühmten Roman »Il ventre di Napoli« (1884), »Der Bauch Neapels«, in dem Matilde Serao das Leben in der Altstadt geschildert hatte. Auch die mit einer großen Glaskuppel überdachte Einkaufspassage Galleria Umberto I wurde ab 1887 erbaut und war Teil dieser Stadterneuerung. Der gesamte Umbau brachte Luft in die Altstadt, hatte aber auch eine erste Welle der Gentrifizierung zur Folge. Denn in den schicken Palais zu wohnen, konnte sich nur das Bürgertum leisten. Hinter den potemkinschen Stadtpalästen entlang der neuen Straßen änderte sich in der Altstadt wenig.

In dieser Zeit also kam der junge Mann aus dem Piemont nach Neapel, alles war im Aufbruch, die elegante Gesellschaft promenierte durch die Stadt. Isidoro Odin arbeitete erst bei einem Onkel, dann eröffnete er eine eigene Confiserie. Nach zehn Jahren als erfolgreicher Geschäftsmann war es an der Zeit zu heiraten. Vor seiner Abreise aus dem Piemont hatte er eine junge Frau gesehen und sich verknallt, die zweitgeborene Tochter seines Nachbarn Bartolomeo Gay. An den schrieb er nun, hielt um die Hand seiner Tochter an und bot sich an, sein Schwiegersohn zu werden. Schwiegersohn werden, gute Idee, antwortete jener Bartolomeo, aber er könne ihm nur seine Erstgeborene nach Neapel schicken. Isidoro Odin stimmte zu, der Nachbar schickte Onorina Gay nach Neapel, man heiratete. Ob das damals wohl als ungewöhnlich angesehen wurde? Vielleicht freute sich ja auch Onorina auf ein Leben in der pulsierenden Stadt. Immerhin nahm Isidoro den Namen seiner Frau in den Firmennamen auf, ein neues Logo wurde kreiert, in hübschestem Jugendstil, gedruckt in Preußischblau.

Nach dem Ersten Weltkrieg baute Gay-Odin die Fabrik im Stadtviertel Chiaia. Dort wird bis heute produziert. Das Gebäude war der erste Stahlbetonbau Neapels. Ein Besuch der Fabrik mit den altmodischen Verkaufsräumen in Chiaia ist wie ein Ausflug in eine andere Welt, nicht nur wegen der temperierten Verkaufsräume. Chiaia umfasst zweieinhalb Quadratkilometer, im Norden begrenzt durch steil aufsteigende Tuffsteinhügel, im Süden durch das Meer, zusätzlich abgeschirmt durch einen Autotunnel. In diese Enklave hinein führt die Einkaufsmeile Via Chiaia. Eine gemächliche Straße zum Flanieren, gefühltermaßen Meilen entfernt – wenn auch in der Realität nur einen Kilometer – von Spaccanapoli. Unter Schatten spendenden Bäumen kann man auf Bänken ausruhen, bevor man weiterzieht in einen der edlen Läden von Liu Jo und Louis Vuitton. Und während in der Bahnhofsgegend sogenannte »Marken-Sneaker« dreißig Euro kosten, glitzert hier in der Via Chiaia in einem Schaufenster ein Paar Sandalen für dreihundert Euro.

»Nach Chiaia kam der Tourismus nur zögerlich«, sagt Massimo Schisa, Geschäftsführer und Familienmitglied von Gay-Odin. »Wir haben hier wenige Hotels, und wenn, dann nur Vier- und Fünfsternehäuser.« Erst mit AirBnB und überhaupt B&B hätten Touristen den Weg nach Chiaia gefunden. Er hoffe, so dramatische Veränderungen wie in der Altstadt nicht erleben zu müssen. »Da gab es früher ganze Straßen mit Läden für Musiker, für Brautmoden, für Bücher, jetzt findet man überall nur noch Bars und Souvenirshops.«

Veränderungen gab es aber natürlich auch bei Gay-Odin, auch beim Schokoladengenuss. Dunkle Schokolade fabrizierten die Neapolitaner »immer schon«, lange bevor es in Mode kam. Aber früher habe man Pralinen, Schokoladen und Dragees als Geschenk gekauft, sie waren aufwendig verpackt. »Heute kaufen die Kunden oft für sich selbst. Man gönnt sich etwas.« Schisa, wenige Haare, große Brille, verschmitztes Lächeln, hat in Neapel studiert und einen Abschluss in Wirtschaft und Handel. 1995 kam er zu Gay-Odin. Sein Beitrag zur Weiterentwicklung: *gelato*. Das wird auch in den fünfzehn weiteren Verkaufsräumen in der Stadt angeboten, sei ein Renner, »vor allem bei Jugendlichen, da es ja auch nicht so viel kostet«. Logischerweise werden verschieden Arten von Schokoladeneis angerührt, mit Ingwer, mit Chili, mit Kaffee, mit Rum und mit Zimt.

In den Läden und in der Produktion bei Gay-Odin arbeiten fünfzig Leute, hauptsächlich Frauen.

Alles wird von Hand hergestellt, davon kann man sich bei einer Führung überzeugen. Und man lernt, wie kompliziert die Herstellung von Kirschpralinen ist: Die in Alkohol eingelegte Kirsche wird in Zucker getaucht, dann eingehüllt in flüssige, warme dunkle Schokolade. Die Arbeiterin hat einen langen Speziallöffel mit Löchern. Zum Abschluss vollführt sie bei jeder Praline eine kurze Drehung aus dem Handgelenk, wenn sie die schokolierte Kirsche ablegt. Und so bildet sich auf der dunklen Kugel ein Ringelschwänzchen aus Schokolade. Nach einigen Tagen löst sich – aufgrund geheimnisvoller alchemistischer Prozesse – die Zuckerschicht im Innern auf, die Kirsche liegt eingebettet in einer cremig-alkoholischen Lösung. Die Maschinen in den Fabrikräumen wirken wie aus der Zeit gefallen, gusseiserne Gewerke, regelrechte Vintage-Maschinen wie der Röster, die Mixer, die Nougat-Maschine. Diese müssten mit Bedacht behandelt werden, »wie ein alter Alfa Romeo«.

Weitere Spezialitäten sind »Foresta«, eine Borkenschokolade, und Waffeltäfelchen mit Nusscreme, die in anderen Ländern, sagen wir: Österreich, Neapolitaner Schnitten heißen. Die Wiener Variante mit der klassischen rosafarbenen Verpackung erfand 1898 Josef Manner, »Neapolitaner« heißen sie, da die Haselnüsse für die Füllung ursprünglich aus Neapel stammten.

Der Kakao für Gay-Odin kommt aus Venezuela und Ecuador. Die Qualität von Kakao sei ziemlich gleichbleibend, da das tropische Klima stabiler sei als das mediterrane, »solche Schwankungen wie beim Wein hat man nicht«.

Schokolade hat in Neapel Tradition, oder sollte man sagen: schokoladeähnliche Produkte? Etwa das berühmte bitter-süße *sanguinaccio*, in das zur Karnevalszeit Gebäck eingetaucht wird. Von tiefdunkler Farbe – aber mit Kakao wurde es traditionell nicht hergestellt. *Sanguinaccio* heißt Blutwurst, ursprünglich wurde für die puddingähnliche Paste nämlich Schweineblut gekocht.

Mitten in der Stadt eine Fabrik zu unterhalten, sei natürlich »unpraktisch«, so Schisa, etwa aus logistischen Gründen. Waren müssen in den frühen Morgenstunden angeliefert werden, bevor der Verkehr die Stadt lahmlegt. Manchmal würden sie Scherze darüber machen, mit der Herstellung rauszuziehen in die Vororte und die Fabrik in eine profitable Garage umzuwandeln. »Aber in Wahrheit haben wir nie ernsthaft daran gedacht.«

In Neapel zu leben, zu arbeiten und Handel zu betreiben, sei nicht immer einfach, sagt Schisa. Es mangle an Infrastruktur und die konstruktiven Kräfte der Stadt müssten sich besser vernetzen. Trotzdem sei die Verbindung des Traditionsunternehmens zur Stadt tief, ihre Sonderanfertigungen würden oft zu dauerhaften Familienerinnerungen. Da werden in den Ostereiern Geschenke versteckt, etwa die Schlüssel eines maßgefertigten Autos oder eine Schatulle mit einem Solitär. Und unlängst dekorierten sie ein Riesenei mit der Aufschrift »Willst du mich heiraten?«. Er gehe mal davon aus, dass die Antwort positiv ausgefallen sei, sagt Schisa. Auch als Mitbringsel in andere Länder werde Gay-Odin-Schokolade gekauft. »Das macht uns sehr stolz.« Neapel sei eine aufregende Stadt, doch manchmal fehle ein Gemeinschaftsgefühl. Neapel lebe immer am Limit: »Wir haben alles im Übermaß, Schönheit und manchmal Hässlichkeit. Dennoch: Ich liebe meine Stadt.«

Da zeigt sich Schisa eben als typischer Neapolitaner, die nicht »von ihrer Stadt weichen wollen«, wie schon Goethe 1787 in seiner »Italienischen Reise« schrieb: »›Vedi Napoli e poi muori!‹ sagen sie hier. ›Sieh Neapel und stirb!‹ Daß (…) ihre Dichter von der Glückseligkeit der hiesigen Lage in gewaltigen Hyperbeln singen, ist ihnen nicht zu verdenken, und wenn auch noch ein paar Vesuve in der Nachbarschaft stünden.« Wer aber in den Vico Vetriera kommt, seit über hundert Jahren der Firmensitz von Gay-Odin, wird wohl eher schwärmen: Neapel sehen – und Schokolade essen.

Der Ferrante-Effekt

Von Frauen und kleinen Machos

»Wir müssen Frauenrechte verteidigen, von denen wir dachten, dass die Diskussion darüber schon lange vom Tisch ist.« Unter Matteo Salvini, dem rechten Innenminister, sei es noch schlimmer geworden als schon zur Zeit Berlusconis, sagt Anna Mazza, achtundvierzig, Theaterautorin, Journalistin bei einem Onlinemagazin, lange schwarze lockige Haare, große Augen. Wir spazieren in der Nähe der Piazza Bellini, dort hat Anna ihr Stammcafé, in das sie sich zum Schreiben zurückzieht. Die Piazza Bellini ist ein Ort wie aus dem Globalen Dorf, im Schatten von Pergolen und Pflanzen sitzen Studierende, Intellektuelle und natürlich auch Touristen. Vom nahen Konservatorium wehen Musikfetzen herüber, mal Geigentöne, mal erklimmt ein Sopran hohe Höhen.

In Gesprächen mit Freundinnen zeige sich eine Befürchtung: »Wir haben Angst, dass die Zeit mit dieser homophoben, rückwärtsgewandten Regierung eher zurückgedreht wird, anstatt in die Zukunft zu weisen.« Da werde ein Frauenbild der Nachkriegszeit wiederbelebt, »im Grunde das aus den ersten Romanbänden«. Keine Frage, um welchen Roman es geht: um Elena Ferrantes Neapel-Vierteiler, von »Meine geniale Freundin« über »Die Geschichte eines neuen Namens«, »Die Geschichte der getrennten Wege« zur »Geschichte des verlorenen Kindes«.

Mit »Meine geniale Freundin« gelang Elena Ferrante 2011 ein Welterfolg. Im Zentrum stehen die Freundinnen Lenú und Lila und ihre Versuche, ein selbstbestimmtes Leben zu führen. Elena Ferrante ist ein Pseudonym, wer dahintersteckt, wurde nicht wirklich geklärt, es spielt ja auch keine Rolle. Viel wichtiger ist, dass mit Ferrantes Werk Neapel aus der Sicht der Frauen erzählt wird. Der vierbändige Roman umfasst ein halbes Jahrhundert, er beginnt kurz nach dem Zweiten Weltkrieg. Lila ist ein intelligentes und bis zur Arroganz zielstrebiges Mädchen. Doch sie schafft es nicht, daraus ein gutes Leben zu gestalten. Sie bleibt im armen Viertel Rione, umgeben von mafiösen Freunden, wird aber eine erfolgreiche Geschäftsfrau. Lenú ist die Icherzählerin, eben die »geniale Freundin«. Ihr gelingt es herauszukommen, sie studiert in Pisa, wird Schriftstellerin, eine geradezu unerhörte Karriere. Privat läuft es aber auch bei ihr nicht gut.

Wie leben die Neapolitanerinnen heute? Gab es einen Ferrante-Effekt? Hat der Erfolg der Bücher Einfluss auf das Leben der Frauen in Neapel? Anna Mazza wiegt den Kopf, eine eindeutige Antwort gebe es nicht. Die Ungleichheiten zwischen Männern und Frauen begännen früh. »Die Mädchen müssen die Dinge aus dem Haushalt lernen und die Brüder nicht«, das sei natürlich die Schuld der Mütter, die diese Kinder so erzögen. Auch in der Schule müsste viel mehr auf Gleichberechtigung geachtet werden. »In anderen Ländern ist die Rede von LGBT-Rechten, meine Güte, davon sind wir jetzt wieder meilenweit entfernt.«

In Neapel arbeiteten fast alle Frauen, sagt Anna Mazza, schon weil die finanziellen Verhältnisse alle dazu zwängen. »Aber die Arbeitslosigkeit ist hoch, und unter den Frauen noch höher.« Außerdem falle den Frauen zusätzlich die »ganze Care-Arbeit zu, aber die Arbeitsbedingungen sind nicht so, dass man zu Hause bleiben kann, wenn ein Kind krank ist«. Vor allem in der endlosen Peripherie Neapels sei das ein Problem. Was sie auf keinen Fall als Vorwurf oder Vorurteil verstanden wissen möchte. »Ich meine die schlechten Lebensbedingungen dort. Die Menschen haben die gleichen Bedürfnisse, egal wo sie leben, in der Peripherie oder im Zentrum, aber sie haben nicht dieselben Mittel. Du wartest in der Innenstadt schon ewig, bis ein Bus kommt – stell dir mal vor, wie das in der Peripherie ist.«

Glücklicherweise gebe es allmählich auch in Neapel Vorzeigefrauen, »tolle Frauen in tollen Positionen«, wie die Leiterin der Pressestelle des Theaters San Carlo, die Leiterin des Museums Capodimonte. Aber es fehle die Sichtbarkeit, und es fehlten ausreichend Chancen für Frauen, sagt Mazza. Wie eben auch die Ferrante schreibt (»Die Geschichte der getrennten Wege«): »Eine Gemeinschaft, die es normal findet, so viel weibliche Intelligenz mit der Sorge um Kinder und Haushalt zu ersticken, schadet sich selbst und merkt es nicht mal.«

Nur wenige Schritte von der Piazza Bellini entfernt liegt die kleine Buchhandlung mit Antiquariat Libreria Antiquaria Colonnese. Dazu gehört noch der gleichnamige Verlag, geführt von einer ganz jungen Frau: Francesca Mazzei, dreiundzwanzig. Ferrante habe mehr Aufmerksamkeit auf neapolitanische Autoren gelenkt, sagt Mazzei: »Früher waren neapolitanische Autoren genau das: neapolitanische Autoren.« Das habe sich nun geändert. »Die Ferrante ist einfach Autorin, fertig.«

Mit ihren Freundinnen rede sie nicht so viel über Ferrante, »eher mit der älteren Generation, die Leserinnen der Ferrante sind vierzig-, fünfzigjährige Frauen«. Die aber sagten: »Genau so ist es gewesen! Die Situation der Frauen: dass sie heiraten müssen, weil der Vater es will, weil er nicht will, dass sie weiter lernt, obwohl sie so begabt ist.«

Der Ferrante-Boom habe einen großen Einfluss, »denn die Möglichkeit eines sozialen Aufstiegs wird gezeigt«. Viele Frauen hätten mit den Büchern verstanden: »Ich bin zwar in einem Viertel geboren, das einen schlechten Ruf hat. Aber es gibt eine Möglichkeit, rauszukommen.« Wichtig dafür seien aber »Lesen und Studieren als die einzigen Mittel, um die Grenzen ihrer Herkunft zu überwinden«, wie Elena Ferrante in einem Interview mit der *FAZ* den Lebensweg ihrer Protagonistinnen beschreibt.

Die Romane um die geniale Freundin hätten einen anderen Blick auf Neapel eröffnet. »Mit Roberto Savianos ›Gomorrha‹, das ich sehr schätze, bekam Neapel immer nur in schlechte Schlagzeilen.« Die Camorra komme bei Ferrante ja durchaus vor, »aber sie zeigt Wege, wie man rauskommen kann«.

Auch für den Tourismus seien die Bücher ein Segen, »früher hatten wir Befürchtungen, Leute in manche Gegenden zu schicken, heute spazieren Besucher sogar nach Luzzatti, auf den Spuren der

›Freundinnen‹, da hätte sich früher kein Mensch hingetraut«.

Und wie ist es heute? Hat es sich gebessert, ist Neapel eine gute Stadt für junge Frauen? Es sei noch schwierig, »aber Neapel gibt dir viele Möglichkeiten«, sagt die Verlegerin. Denn jenseits des Tourismus sei Neapel – wie Rom oder Florenz – eine Stadt voller Kultur, »man muss die Gelegenheiten ergreifen«. Sie findet: Es sei schön, mal rauszukommen, auch etwas von der Welt zu sehen. »Und wenn ich aus unserem Verlag ein großes Verlagshaus machen kann, mit einem Sitz in New York; das wäre eine große Befriedigung. Aber vor allem möchte ich bleiben und hier etwas bewegen.« Es sei nicht gut, dass viele junge Menschen weggingen.

Die Libreria Antiquaria Colonnese ist eine wunderbar altmodische Buchhandlung. Klein, überladen, man kann sich kaum umdrehen, dafür endlos nach Schätzen suchen. Weit entfernt von modernen Buchkaufhäusern und Buchhandelsfilialen. Aber Bücher verkaufen und sogar Bücher verlegen – ist das noch ein Geschäftsmodell? Ja, das sei schwierig, sagt Mazzei, die Konkurrenz an Zerstreuungsmöglichkeiten sei groß. In Italien werde wenig gelesen, »und in Süditalien noch weniger. Aber ich bin überzeugt, wenn ein gutes Buch vorliegt, dann findet es auch seine Leser oder Leserinnen«.

Deshalb möchte sie in Neapel bleiben, »etwas aus der Stadt machen, aus meiner Stadt«. Über der Buchhandlung hat sie einen Veranstaltungsraum eingerichtet, eine Art Poetry-Slam-Corner, »da kann jeder Kultur präsentieren. Musiker, Autoren, denn viele Künstler gerade meiner Generation wissen nicht, wo sie etwas vorstellen und ihre Ideen diskutieren lassen können«. So beginne ja vielleicht ein Buchprojekt. Und wie sieht es mit ihr aus? Schreibt sie? »Ich?! Nein. Ich lese!«

Elena Ferrante war nicht die erste berühmte Autorin der Stadt. »Il mare non bagna Napoli / Neapel liegt nicht am Meer« heißt ein Klassiker der Neapelliteratur. Die Journalistin und Autorin Anna Maria Ortese (1914–1998) beschreibt in Reportagen und Erzählungen das hundsarme Leben der Menschen in den Gassen der Altstadt: Dort ist das Meer weit, die Sonne auch, und ein Fortkommen kaum möglich. Und auch Matilde Serao gehört zu den Vorreiterinnen. Sie veröffentlichte nicht nur den Essayband »Il ventre di Napoli / Der Bauch Neapels«, sondern gründete 1892 die bis heute erfolgreiche Tageszeitung *Il Mattino*.

Wir ziehen weiter Richtung Piazza Dante. In der Via San Sebastiano kleben an Hauswänden und an Türen Plakate. So wie überall in Neapel. Darunter auch Hammer und Sichel, das Zeichen der Kommunistischen Partei Italiens, des PCI. Aber Moment, die existiert doch gar nicht mehr! Sie wurde 1991 aufgelöst, im Gefolge der sich ändernden Zeitläufte. Anna Mazza grinst. »Stimmt, das sind Requisiten.« Ferrantes Romane wurden unlängst verfilmt, auf Ischia und hier. Die Plakate hängen hier noch von den Dreharbeiten, und Anna wirkte als Statistin in der Verfilmung mit.

Auf der Piazza Dante streben wir auf das Café mit dem schönsten Namen zu: Es heißt »Il tempo del vino e delle rose«, »Die Zeit des Weins und der Rosen«, geführt von Rosanna Bazzano, einundfünfzig, Sizilianerin, die »schon ewig« in Neapel lebt. Wir setzen uns auf die große *piazza,* mit bestem Blick auf das lebhafte Gewusel. Und während wir uns unterhalten, schaut Bazzano ständig auf ihr Smartphone. Schließlich entschuldigt sie sich und erklärt: »Da die jungen Leute, die hier arbeiten, ohnehin ständig auf die Dinger schauen, organisiere ich die Bestellungen auch über die Handys. Aber mir geht das alles zu langsam!«

Auf das Leben von Frauen in Neapel angesprochen, sagt sie, es sei im Grunde schon eine Besonderheit, dass sie dieses Café führe. »Als junge Frau bin ich nie in eine Bar gegangen. Das machte man einfach nicht. Da waren nur Männer – und heute gehört mir eine.« Bazzano schreibt Liebesgedichte und übersetzt Lyrik aus romanischen Fremdsprachen ins Neapolitanische. »Die Gedichte sagen es mir, wenn ich sie übersetzen soll«, sagt sie. Auf die Frage, wie Frauen in Neapel heute leben, antwortet sie diplomatisch: »Es kommt auf die kulturelle Umgebung an. Ob sie eine Sicht auf ihre eigene Rolle haben.«

Denn die Sicht der Männer dürfe man sich nicht aneignen. Die sagten über Frauen: »Die sind Nervensägen und die reden andauernd.« Aber wie solle man vorankommen, wenn man nicht dauernd rede?! Nur so könnten sie sich behaupten. »Etwa hier im Café: Ich bin die Chefin, es ist mein Laden. Aber neulich gab es Probleme mit einem Nachbarn, und der wollte dann meinen Mann sprechen. Mit mir wollte er sich nicht auseinandersetzen. Als würden immer noch nur die Männer entscheiden.«

Dabei formen die Frauen die Gesellschaft, tatsächlich haben sie ziemlich viel Macht, wenn sie diese in die Hand nehmen.

Eigenartigerweise hätten gerade die Frauen in schwierigen Verhältnissen oft großen Einfluss. »Die Männer sind verschwunden, als Väter nicht präsent, weg oder im Knast. Da sind die Frauen das Familienoberhaupt.« Was aber auch nicht viel helfe, denn die Frauen »erziehen auch all die Machos. Diese kleinen Götter, die sie geschaffen haben«. Wenn Söhne heirateten, fragten die Mütter: »Kocht deine Frau dir auch ordentlich was?« Und ihre eigene Schwester habe gesagt: »Ich möchte nicht, dass mein Mann zu Hause putzt. Ich habe einen richtigen Kerl geheiratet und kein Weib.«

Es beginne schon in der Schule, bestätigt sie Anna Mazzas Eindruck, »mit den Schulbüchern, die transportieren noch immer die alten Rollenbilder. Und die Mädchen bekommen Puppen, die Jungs Autos.« Zum Glück ändere es sich aber in der Generation ihrer Tochter. Diese studiere Denkmalschutz, »geht mit Freunden aus, auch allein, und ihr Verlobter hat nichts dagegen«.

Neapel unterirdisch I

Von Gespenstern und Mönchen unter der Stadt

Es ist so heiß. Alle haben davor gewarnt, im Sommer nach Neapel zu fahren, aber manchmal sind Reisepläne eben unvernünftig. In die engen Gassen der Altstadt dringen Sonnenstrahlen zwar nur kurz ein, aber dafür steht hier die Luft. Also nichts wie ab in die Unterwelt, in eine lichtlose Sphäre. Neapels Untergrund – Napoli Sotterranea – zeigt sich ziemlich durchlöchert, schon seit Jahrhunderten. Auf geführten Touren kann man hinuntersteigen und die Unterwelt erkunden. Die Tour beginnt in einem scheinbar normalen Haus, doch im Hinterzimmer steht nicht einfach das Bett; hier geht es zwölf Stockwerke hinunter.

Bereits die Griechen gruben 470 vor Christus in den Tuffstein Zisternen, also Regenwasserspeicher, und versorgten ihre Neapolis mit Wasser. Die Römer führten vom Vesuv her Trinkwasser in die Stadt. Jeder *palazzo* hatte einen eigenen Brunnen, wie luxuriös. Der Aufwand war dennoch nicht so gewaltig, wie es scheinen mag, denn der weiche Tuffstein, auf dem die Stadt lag und weiter wuchs, ist leicht zu bearbeiten. Erst in der Sonne härtet er aus und wird zum begehrten Baustoff. Und so heißt es, Neapel sei mit dem Gestein »aus dem eigenen Unterleib gebaut« worden.

Neapel wurde immer größer – bis im 18. Jahrhundert ein Gesetz erlassen wurde, die Stadt dürfe nicht weiter wachsen. An diesem Punkt der Erzählung läuft Gianluigi Nappa das erste Mal zu Hochform auf. Nappa führt diese Tour, er könnte Pulcinella sein, der Clown aus der Commedia dell'arte. Er ist ein Showtalent, mit schwarzen Locken und Ohrring, unterhaltsam und gebildet. Seinen Geschichten über Neapels Unterwelt hören alle amüsiert zu. Und nun sagt Nappa: »Das Bauen war also verboten. Und wie alle wissen, sind wir Neapolitaner berühmt dafür: Wir halten uns an Gesetze.« Pause. Gelächter. Nappa fährt fort, natürlich habe das Verbot den Einfallsreichtum der Neapolitaner angestachelt. Sie gruben unter der Stadt Tuffstein aus und stockten so die bestehenden Häuser einfach auf.

Achtzig Kilometer unterirdische Gänge kann man hier abwandern, natürlich nicht alle in einer Tour. Eine weitere führt zum Bourbonentunnel. Den ließ Bourbonenkönig Ferdinand II. im 19. Jahrhundert ausgraben, um geschützt von seinem Palast zum Meer und zu seinen Schiffen zu gelangen. In der Galleria Borbonica stehen sogar alte Autos und Motorräder. Vespa-Friedhof wird dieser Abschnitt des Tunnels deshalb genannt.

1885, nach der Cholera-Epidemie, wurde der Gebrauch der Zisternen verboten und geschlossene Wasserleitungen gebaut. Die unterirdischen Räume verkamen zu Müllhalden. Es war ja sehr praktisch: Von jedem Haus führte ein Schlund hinunter, da warf man alles rein.

Bis man aus tragischem Anlass die unterirdischen Räume wieder dringend benötigte. Im Zweiten Weltkrieg wurden sie als Luftschutzkeller wiederentdeckt, bis zu dreihunderttausend Menschen sollen Tage und Wochen hier unten verbracht haben. Denn je mehr Bomben fielen, umso knapper wurde natürlich oben der Wohnraum. Aus einer Wand hängen noch Kabel, man hatte sogar Notstrom installiert. Nappa leuchtet mit seiner Taschenlampe Graffiti aus, die die Menschen in die Wände ritzten, Porträts, Frauenbilder und Mussolini.

Danach aber wurde Neapels Unterwelt, die ganz reale jedenfalls, begraben und vergessen. Bis es im Juni 1979 mitten im alten Zentrum brannte. Die Feuerwehr war ratlos, sie gelangte nicht zum Brand – bis ein Neapolitaner die Feuerwehrleute zu einer Wand führte. Dahinter, so erinnerte er sich aus seiner Kindheit, führten Stufen nach unten, wohin auch immer. Die Feuerwehr brach die Wand auf, fand den Brandherd und löschte ihn. Seither wurden die Gänge, Höhlen und Zisternen wieder freigegraben und sind bei Touristen beliebt, gerade an heißen Tagen.

»Die unterirdischen Gänge sind und waren bombensicher und erdbebensicher. Die haben immer gehalten«, sagt Nappa stolz. »Wir Neapolitaner mögen Analphabeten sein – aber Ingenieure sind wir alle.«

Wenn die Altstadt der Bauch Neapels ist, dann gilt dieser Bereich als die Gedärme. Nappa führt seine Truppe weiter hinein, dann zeigt er mit seiner Taschenlampe auf einfache Trittlöcher, die senkrecht in die Höhe führen. Und erzählt von Mönchen und Gespenstern. Die Neapolitaner hatten also das Trinkwasser direkt unterm Haus. Um es zu schöpfen, gab es eine eigene Berufsgruppe, die *pozzari*, so etwas wie das Gegenteil von Kaminkehrern. Die Männer stiegen auf diesen gefährlichen Stufen in die Unterwelt und brachten das Trinkwasser nach oben. Da sie dunkle Arbeitsmäntel trugen, wirkten sie fast wie Klosterbrüder und wurden *monacielli*, Mönchlein, genannt. Sie hatten durch die Brunnenschächte Zugang zu allen Häusern, und natürlich führte das zu vielen Geschichten, Anekdoten und Verdächtigungen. Mancher habe sich mehr um die Frau des Hauses als um seinen eigentlichen Auftrag gekümmert, hieß es etwa. So kam es dann auch zu den Gespenstern. Über diese schrieb Eduardo de Filippo das Theaterstück »Questi fantasmi!«. Das scheint in Italien, oder zumindest in Neapel, Schullektüre zu sein, denn alle Anwesenden der Führung machen beifällige Geräusche. Man muss schon die Ohren spitzen, um Nappa noch einigermaßen folgen zu können. Baut er dann Passagen im Dialekt ein, ist man verloren. Das Theaterstück also spielt in der Nachkriegszeit in Neapel. Wie aus heiterem Himmel fällt dem Hauptakteur Pasquale ein *palazzo* zu: achtzehn Zimmer, achtundsechzig Balkone. Mit seiner Frau Maria zusammen will er daraus eine Pension machen, endlich soll Geld reinkommen. Doch in dem Haus scheint es zu spuken, einer jahrhundertealten Legende nach wohnen hier Gespenster. Treibt sich hier ein *monaciello* herum?

Die Anwesenden wissen schon Bescheid, einer macht das Zeichen *cornuto*, Zeigefinger und kleiner Finger einer Hand strecken sich nach oben wie ein »Horn«, und klar, gemeint ist damit: der gehörnte Ehemann. Ein reicher Nachbar hatte Pasquale den *palazzo* überlassen, aber nur, um so schneller zu seiner Geliebten – eben Maria – zu gelangen. Pasquale aber bleibt lieber bei seiner Überzeugung, Gespenster trieben hier im Haus ihr Unwesen. Jenseits des Komödienstoffs liefert der neapolitanische Dichter de Filippo mit diesem in Deutschland selten aufgeführten Stück ein neorealistisches Bild des Nachkriegsneapels.

Bevor die Tour wieder ans Licht führt, zeigt Nappa noch auf Zeugen der ältesten Vergangenheit. Archäologische Ausgrabungsstücke sind zu sehen, aber wie Gianluigi Nappa sagt: »Die Originale sind im Museum, die hier sind typisch neapolitanisch: Fälschungen.« So ist sein ganzer Vortrag eine liebenswerte Lobpreisung der Neapolitaner, ihres Erfindungsgeists und Überlebenswillens.

Und wenn schließlich die Tour oben in einem kleinen Souvenirshop endet, in dem *curnicielli* angeboten werden, die Glücksbringer gegen allerlei Unglück, wird man natürlich gerne welche kaufen. »Handgemacht von Jugendlichen aus dem Viertel«, versichert Nappa. Und liefert so gleich einen weiteren Beweis des neapolitansichen Erfindergeists.

Neapel unterirdisch II

Ein achtzehn Kilometer langes Freilichtmuseum

Tief unter der Stadt findet man römische Katakomben, griechische Zisternen, Luftschutzbunker – und moderne Kunst: Denn Neapels Metro, deren Errichtung 1986 begonnen wurde, gleicht einer riesigen Freiluftausstellung. Elf Bahnhöfe der Metropolitana di Napoli wurden von Künstlern und Architekten mit moderner Kunst ausgeschmückt oder gleich als Gesamtkunstwerke gestaltet.

Zu den großen Namen aus der Kunstwelt, die die »Stazioni dell'Arte« geschaffen haben, zählen italienische und internationale Künstler wie Kentridge, Kosuth, Merz, Pistoletto, Sol LeWitt und auch Bob Wilson, der Werbefotograf Oliviero Toscani und Designer wie Giovannoni und Santachiara.

Den ersten Kontakt mit dieser unterirdischen Kunst habe ich buchstäblich gleich bei der Ankunft in der Stadt an der U-Bahn-Station am Hauptbahnhof. Dieser ist mittlerweile selbst ein Architekturdenkmal, 1954 an der Piazza Garibaldi von Pier Luigi Nervi entworfen. Seit 2005 werden Bahnhof und U-Bahn umgebaut, unter der Leitung des Architekten Dominique Perrault. Er führt uns tief hinab – auf Rolltreppen, die einander kreuzen, ein unübersichtliches Stahlgewirr, in Spiegeln sieht man sich selbst rauf- und runterfahren. Die Bilder, die dabei entstehen, erinnern an das berühmte Gemälde von

Oskar Schlemmers »Bauhaustreppe«, aber vor allem an M. C. Eschers endlose Treppen. Der niederländische Künstler hatte sich für seine berühmten Vexierbilder unter anderem ganz in der Nähe Inspiration geholt: im Treppengewirr von Positano an der Amalfiküste, auf seinen Bildern sieht es so aus, als würden Menschen immer im Kreis gehen, und dennoch immer treppab. Genug sinniert: Die Bahnhofstreppe endet im untersten Untergeschoss – mitten in einer Menschenmenge. Typische neapolitanische Rushhour? Nicht ganz, sondern eine moderne Augentrickserei. Die Menschen sind nicht echt, jedenfalls nicht lebend. Es sind Alltagsfotos von Wartenden, vom Konzeptkünstler Michelangelo Pistoletto aufgedruckt auf poliertem, spiegelndem Stahl. Man erkennt hier gleich, wer Neapolitaner ist und wer Besucher: Wir nämlich zücken das Smartphone und fotografieren uns inmitten der – scheinbar – Wartenden. Einheimische machen das natürlich nicht.

Wer in der Stadt zu Besuch ist, geht zunächst alles zu Fuß. Man will ja etwas sehen. Aber bald will man doch mal schneller vorankommen. Autofahren kann man vergessen, vor allem in der Innenstadt. Motorroller sind im Prinzip eine gute Lösung, aber nur etwas für wagemutige Hartgesottene. Von Fahrrädern ganz zu schweigen. Also Bus und Bahn! Für rund zwölf Euro kann man eine ganze Woche lang mit allen Verkehrsmitteln der Stadt fahren, hinauf auf die Hügel und eben in den Untergrund.

Häufig wird man am zentralen U-Bahnhof Dante ein- und aussteigen, den die italienische Architektin Gae Aulenti entwarf, hier wartet ein Kunstwerk von Jannis Kounellis. In seiner Installation stecken unter Metallsträngen auf einer langen Wand aus Metallpaneelen stark abgetragene Schuhe. Eine für deutsche Besucher beklemmende Installation, die an Menschentransporte in Güterwaggons erinnert. Aber der Vertreter der Arte Povera soll damit nur das ewige Menschheitsthema des Unterwegsseins versinnbildlicht haben. Sehr passend für eine U-Bahn. Außerdem prangt hier eine Leuchtschrift des Konzeptkünstlers Joseph Kosuth, sie zitiert aus einem Werk Dante Alighieris, des Namensgebers der Station.

Die Station Museo führt zum Archäologischen Museum, sie wurde passend mit Vesuvgestein gestaltet. Damit da alles weiter seine Ordnung hat, steht im Untergrund als überlebensgroßer Wächter die antike Statue von Herkules Farnese. Katharina Sieverding, 1944 in Tschechien geboren und in Berlin und Düsseldorf lebend, gestaltete die Station Salvator Rosa mit riesigen Selbstporträts. Ihre Arbeit »Die Sonne um Mitternacht schauen« von 1973 offenbart in drei Installationen das Gesicht der Künstlerin, mit nur minimalen Veränderungen. Knallbunt hingegen überrascht die Metro-Station Università. Passt ja auch zum bunten Unileben. Gestaltet hat sie Karim Rashid, ein amerikanischer Designer mit ägyptischen Wurzeln, und das so quietschbunt, dass sogar die dreifarbigen Recycle-Abfallbehälter blass daneben aussehen.

Kuratiert wurde das Projekt, das U-Bahn-Stationen zu Kunstmuseen macht, von Achille Bonito Oliva (einem italienischen Kunstkritiker, der die fünfundvierzigste Biennale in Venedig leitete). Der interessante Effekt dabei: Menschen, die vielleicht sonst keine Museen besuchen, kommen in dem achtzehn Kilometer langen Freiluftmuseum mit Kunst in Kontakt.

Für mich ist die schönste Station Toledo, benannt nach der nahe gelegenen Via Toledo. Jedes Mal, wenn ich hinunterfahre, ist es, als würde ich eintauchen ins endlose Blau des Meeres, das kann an heißen Tagen in Neapel sehr erfrischend wirken. Ein gigantisches Mosaik an der Decke weist in den »Crater de Luz« von Óscar Tusquets in vierzig Metern Tiefe, Bob Wilson taucht den »Crater« mit seiner LED-Lichtinstallation »Relative Light« in Blautöne.

Bislang unklar ist noch, wann die Haltestelle Municipio vollständig in Betrieb genommen wird. Dort geschah bei den Bauarbeiten das, was in Italien überall passieren kann, sei es, wenn man eine Garage ausheben oder einen Neubau auf einen ehemaligen Acker stellen möchte. Kaum setzt man den Spaten an, stößt er auf Amphoren, Mauern, Thermenanlagen. Die Römer haben nun mal das ganze Land mit Architektur überzogen. Bei Municipio wurde der antike Hafen samt seinen Booten ans Licht geholt. Ganz pragmatisch entschied man sich kurzerhand, Teile der alten Mauern in die Station zu integrieren, antike Kunstwerke inbegriffen.

Über den Dächern der Stadt

Besuch bei der Sängerin Fabiana Martone in Vomero

Die Dachterrasse des Palazzo Sessa quillt über vor Lautsprechern und Mikrofonen. Menschen wuseln hin und her, im Raum dahinter wurden Computerbildschirme aufgebaut, es sieht sehr geschäftig aus – und die Beteiligten sprechen laut und im Dialekt. Allerdings nicht Neapolitanisch, hier wird berlinert. Der Berliner Sender *Radio 1* hat für eine Woche eine »Radiobrücke Neapel« eingerichtet und sendet Livereportagen über die süditalienische Stadt nach Deutschland. Dafür wurde eine Kooperation mit dem Goethe-Institut gestartet, das im Palazzo Sessa zu Hause ist; ein geschichtsträchtiger Gebäudekomplex: Er war im 18. Jahrhundert die Residenz des britischen Gesandten Sir William Hamilton, eines frühen Vulkanologen, »Der Liebhaber des Vulkans«, wie ihn Susan Sontag in einem Roman betitelte. Hamilton war ein bedeutender Kunstkenner und -sammler, er empfing zahlreiche Italienreisende, die hier auch auf seine junge Frau Emma Lady Hamilton trafen. Sie galt als Skandalfrau des Jahrhunderts, ein Freigeist, »schön und wohlgebaut«, wie Goethe schrieb, der eine ihrer Aufführungen sah, in denen sie spärlich bekleidet antike Figuren nachstellte. Berühmt wurde Lady Hamilton später zudem durch ihre Affäre mit dem Seehelden Horatio Nelson.

Studiogast bei der Radiobrücke ist an diesem Nachmittag eine Sängerin, Fabiana Martone, die mit einem Berliner Musiker zusammenarbeitet. Martone, neununddreißig, eine üppige süditalienische Schönheit, stöhnt über die Temperaturen. Und zwischen zwei Liedern packt sie ihren roten Fächer aus und sagt: »Ich hasse die Hitze, ich halte das nicht aus.«

Am darauffolgenden Tag treffe ich Fabiana in ihrem Viertel, in dem es nicht ganz so heiß ist. Sie lebt auf dem Vomero, einem der Hügel Neapels, und hier spielt auch das Video des sehnsüchtigen Liedes, das sie am Tag zuvor auf der Terrasse gesungen hat: »Era sulo ajere«, Neapolitanisch für »Es war erst gestern«. Das Video zeigt elegante Menschen, elegante Hunde, flirrendes Licht in Bäumen, in Bäumen! Platanen, Ahorn, so etwas gibt es drunten in der Altstadt kaum. Am Ende steht sie im Sonnenuntergangslicht und blickt auf die Stadt.

Die Platanen beschatten die Via Alessandro Scarlatti, eine lebhafte Ladenstraße, entstanden 1887 als Herzstück des neuen Viertels auf dem Hügel. Als vor zwanzig Jahren daraus eine Fußgängerzone werden sollte, liefen die Geschäftsleute Sturm, sie befürchteten massive Einbußen. Tatsächlich geschah, wie überall auf der Welt, das Gegenteil: Die Straße wurde aufgewertet, es kommen nun viel mehr Menschen zum Bummeln, zum Einkaufen, auch dank der *funicolare,* der Standseilbahn.

Fabiana lässt sich erschöpft auf den Stuhl eines Straßencafés fallen und sagt: »Im Sommer kann man es in der Altstadt nicht aushalten. Ich fahre dann gar nicht runter. Nur manchmal kommt eine leichte Brise vom Meer bis in die Gassen, wenn nicht, dann ist es nicht zu ertragen. Hier oben weht wenigstens etwas Luft vom Meer herauf.«

Fabianas Weg zur Musik war verschlungen. Die Neapolitanerin studierte zunächst Architektur, gesungen habe sie aber schon immer. »Ich fing im Kirchenchor an, wurde Solistin, dann hat man mir gesagt, ich hätte Talent, ich könnte das ausbauen.« Und so hat sie als Schülerin nebenher am Konservatorium Gesang studiert. Aber sie habe einfach keine genaue Vorstellung davon gehabt, was sie machen wolle. »Eine Weile habe ich in einem Architekturstudio gearbeitet, aber das hat mich nicht so richtig vorangebracht.«

Martone begann, in Neapel in verschiedenen Chören und Bands zu singen, nahm Unterricht in Jazzgesang. »Ich war in einem Gospelchor, sang Jazz, war Teil einer Big Band, hatte eine Hip-Hop-Gruppe«, beschreibt sie ihren Weg. 2008 veröffentlichte sie ihr Debütalbum, ein Joni-Mitchell-Tribut-Album folgte. Gerade hat sie eine aktuelle CD herausgebracht, »nun müsste ich mal richtig Werbung machen, aber das ist für mich überhaupt das Schwierigste, ich kann mich nicht gut verkaufen«.

Außer mit den beiden Berlinern arbeitet sie in Neapel mit unterschiedlichen Musikern zusammen, »die Musiker in der Stadt kennen einander alle. Das ist wahrscheinlich bei Malern auch so, oder?« Einer der Musiker schrieb für sie »Era sulo ajere«, der kenne sie gut als Sängerin, »das schien direkt aus meinem Herzen zu kommen«. Auf Neapolitanisch oder auch Italienisch zu singen, sei für sie neu und gar nicht so einfach. »Ich habe vorher immer auf

Englisch gesungen. Wenn ich in meiner Muttersprache singe, dann versteht ja jeder alles. Hinter dem Englischen kann man sich ein bisschen verstecken.«

Richtig schwierig sei es, auf Neapolitanisch zu schreiben, »ich hab mir da immer einen Kopf gemacht«. Der Respekt und die Verantwortung der musikalischen Tradition gegenüber sei manchmal eine Last. Im Herzen trage sie die mit sich, sei es die klassische Musik, sei es die moderne.

Also moderne, wie jene Pino Danieles, des bekanntesten Sänger Neapels? Martone lacht, »na ihn würde ich schon zu den Klassikern zählen. Er ist ein Symbol Neapels, unverwechselbar mit seiner speziellen Stimme. Seine Lieder stehen einfach für Neapel und die *napoletanità*«. Gerade wegen all der Tradition in Neapel müsse man unbedingt auch mal raus, reisen, etwas anderes sehen und hören. Und woanders auftreten, denn »wie man eben sagt: Der Philosoph gilt nichts im Heimatland«.

Aber von der Musik zu leben, sei in Neapel schwer, trotz der Tradition von Caruso und Belcanto. Das betreffe Künstler aller Sparten, es gebe keine Unterstützung, »obwohl wir Teil der Kultur unserer Stadt sind. Wenn du dich ganz der Kunst widmest, lebst du unter prekären Umständen.« Man müsse tausenderlei andere Jobs übernehmen, um über die Runden zu kommen, in Bars und Supermärkten jobben, »aber dann kannst du dich auch nicht gut auf die Kunst konzentrieren«. Immerhin könne sie selbst dank des Konservatoriums Musik unterrichten, »in eine Bar stelle ich mich nicht«.

Auftrittsmöglichkeiten gebe es, aber die Neapolitaner »gehen nicht so auf Konzerte, sie interessieren sich gar nicht besonders für Musik. Ich war viel in Europa unterwegs, da ist das anders, in Berlin findest du jeden Abend Livemusik.«

»Was uns antreibt? Keine Ahnung. Das ist ein Mysterium.« Man könne kaum davon leben, und es sei nicht in den Köpfen der Leute, dass das ein Beruf ist. »Die fragen mich dann: Aha, du bist Musikerin! Und was machst du beruflich?«

Made in Cloister

Armenhaus, Kreuzgang, Wollfabrik – neue Orte für die Kunst

Nach einer Busirrfahrt stehe ich im Norden der Stadt an der Piazza Carlo III vor dem Albergo dei Poveri, geblendet von der endlos langen, weiß gleißenden Front mit einigen zerrupften Palmen davor; das wahrscheinlich größte Gebäude Neapels, und zu seiner Entstehungszeit im 18. Jahrhundert eines der größten Europas überhaupt. Geschichte und Gegenwart des dreihundertvierundfünfzig Meter langen Albergo sind bemerkenswert.

Der Bourbonenkönig Karl VII. (ursprünglich in Spanien als Karl III. inthronisiert, daher auch der Name des Platzes) plante und stiftete das Armenhospiz und Krankenhaus. Entworfen vom Architekten Ferdinando Fuga, wurde 1751 mit dem Bau begonnen. Der Volksmund kennt es als Palazzo Fuga. Obdachlose aus ganz Kampanien wohnten hier, wurden versorgt und bekamen eine Ausbildung in frühindustriellen Manufakturen. Es beherbergte über fünftausend Menschen, auch wenn es nicht einmal ganz fertig wurde, denn es war noch größer geplant. Die Bauarbeiten kamen 1819 zum Erliegen, das große Erdbeben von 1980 zerstörte zudem einen Teil des Geländes. Dann stand es Jahrzehnte leer, Projekte zur Nutzung gab es viele, derzeit soll es ein Kulturzentrum werden.

Hier soll also irgendwo Kultur stattfinden? Nach der langen Busfahrt bin ich zu matt, um dieses Riesengebäude zu umrunden und nach einem Eingang zu suchen. Ich ziehe es vor, mich zu erkundigen. Mit wenig Hoffnung auf Auskunft gehe ich in eine Bar. Aber: Überraschung! Die *barista* der Bar Vanity kennt sich aus. »Nein, *signora*, das ist geschlossen. Nur im ersten Stock sind manchmal Räume für Ausstellungen geöffnet. Der Rest verfällt.« Ich könne links um das Gebäude gehen, über einen bewachten Parkplatz, da könne ich mir wenigstens die Innenhöfe ansehen. »Es lohnt sich, es ist derselbe Architekt wie der von Caserta!«

Caserta! Das Barockschloss nördlich von Neapel ist der Stolz des Südens, auch von jenem Karl / Carlo erbaut, es thront mit weit über tausend Zimmern und vier Höfen in einem hundert Hektar umfassenden Park, einer der größten Grünflächen Kampaniens, in der eine endlose Brunnenabfolge plätschert, für die eigens ein Aquädukt gebaut wurde, alles von einem Architekten entworfen: Luigi Vanvitelli. Also nicht jener des »Palazzo Fuga«, aber sei's drum.

Ab 1751, also im gleichen Jahr wie das Armenhospiz, wurde der Palast als Residenz der Bourbonen errichtet. Karl VII., der auch die Ausgrabungen in Herculaneum und Pompeji hatte beginnen lassen, war ein Reformer und Aufklärer, wenngleich natürlich ein Despot. Er erhob Neapel zum Kulturzentrum Italiens, restaurierte den Palazzo Reale, der Jahrhunderte verlassen gewesen war, errichtete mit Capodimonte ein wichtiges Museum, baute das Theater San Carlo, das damals größte Opernhaus

Italiens – aber vor allem das Königsschloss in der Ebene von Caserta, das sich neben Versailles nicht verstecken muss.

Es zählt zu den beliebtesten Reisezielen der Süditaliener, und das hat vor allem politische Gründe. In Neapel fragt einen jeder bald: Und, warst du schon in Caserta? Schließlich fährt man hin. Ja, schön, gewaltig, beeindruckend, Barock eben, wie er sein soll. Aber doch nicht so einzigartig wie Pompeji oder wie Neapels dichte Altstadt. Für Neapolitaner aber ist Caserta der gemauerte Beweis für die Herrlichkeit Süditaliens. Für die Eigenständigkeit, für die Größe, die man einst besaß – und was man alles verlor ab 1861. 1861: das wichtigste Jahr in der neueren Geschichte des Landes: die Einigung Italiens. Infolge von Garibaldis Risorgimento-Bewegung entstand das Königreich Italien, mit einem Herrscher aus dem Haus Savoyen und Turin als Hauptstadt. Einigung Italiens? »Das war eine Annexion, eine feindliche Übernahme!«, sagen die Menschen im Süden. Der einst prosperierende Süden verarmte, es gab hohe Steuerabgaben statt einer Landreform, viel Geld wurde in die Industrialisierung des Nordens gesteckt, der Süden blutete aus, auch ganz real: Die Menschen emigrierten, in den Norden oder gleich nach Südamerika und in die USA. »Tatsache ist, wie jeder Italiener zugeben wird, dass der Süden praktisch eine Kolonie des industrialisierten Nordens ist«, schreibt der Brite Norman Lewis noch 1944. Was wäre, wenn 1861 Neapel die Hauptstadt des vereinten Italiens geworden wäre? Ein Frage, über die hier immer noch diskutiert wird.

Ich schlendere über den Parkplatz des Palazzo Fuga, von hinten sieht das Gebäude nicht mehr so bombastisch aus, ich sehe viele schwarze Fensterhöhlen. Alles steht leer, alles verrottet. Dabei gab es so viele Pläne. In historischer Zeit war hier eine berühmte Musikschule untergebracht. In den riesigen Sälen war mal ein Rehabilitationszentrum für Jugendliche eingezogen, auch schon ein Jugendgericht, ein Kino, Werkstätten, ein Fitnessstudio und ein Archiv. Zuletzt war viel von der Città dei Giovani die Rede, einer Bildungseinrichtung. Dann wieder sollte ein Theaterfestival abgehalten werden, dann sollte ein Antiquitätenmuseum einziehen. Oder gleich der Hauptsitz der Region Kampanien. Dass alles nichts wurde, hat tausenderlei Gründe, einer ist, dass alles unter Denkmalschutz steht, was manchmal nicht hilfreich ist. Der Nachbarschaft täte es gut, wenn etwas daraus entstünde, so wirkt es verwahrlost. Immerhin schließt sich direkt daneben der Botanische Garten an, ein Lichtblick an der extrem befahrenen Straße Via Foria.

Das Problem ist natürlich: Was soll mit so vielen leer stehenden Gebäuden geschehen? Ein gelungenes Beispiel einer Revitalisierung ist »Made in Cloister« im Viertel Porta Capuana, nicht weit vom Hauptbahnhof, das ich bald darauf besuche. Neben dem alten Stadttor mit einem Renaissanceportal nimmt der Klosterkomplex Santa Caterina a Formiello viel Raum ein. Davor aber tobt das Verkehrschaos, ich muss mir regelrecht meinen Weg bahnen, beherzt die Straße überqueren, von Autos und Rollern umkurvt. Doch dann, beim Eintreten in den Kreuzgang, umfängt mich Ruhe.

Der Kreuzgang ist kein klösterlicher Kreuzgang, schon lange nicht mehr. Heute hängen hier großformatige Fotos, eine Ausstellung. Kulturmanager Davide de Blasio empfängt mich an der Designbar im Vorraum und sagt: »Hier in der Bar war eine Schreinerei, der *chiostro* war ein Parkplatz, die Renaissancestufen waren mit einer Betonrampe überdeckt. All das zusammen ist symptomatisch dafür, welchen Weg Neapel genommen hat.«

Vom Kreuzgang über eine Wollfabrik zum Kulturzentrum – es war ein langer Weg. Der Grundstock, Santa Caterina a Formiello, gilt als eines der wichtigsten Beispiele der neapolitanischen Renaissance. Das Kloster wandelten die säkularen Bourbonen in der Nachfolge der Französischen Revolution in eine Fabrik um. In den Kreuzgang und die angrenzenden Gebäude zogen somit frühindustrielle Handwerksbetriebe ein, vor allem eine Wollfabrik, die Uniformen für das Militär herstellte. Aus der Zeit stammt der Name Lanificio, unter dem es bis heute bekannt ist. Bis zu vierhundert Mitarbeiter wuselten durch die Gänge und Räume. Doch im Jahr 1861, mit der Vereinigung Italiens, wurden die Bestellungen von Uniformen bei Lanificio ausgesetzt. Die Fabrik musste Insolvenz anmelden, der Niedergang der Gebäude begann und zog das Viertel mit. Im gleichen Jahr wurde die Kirche wieder geweiht, nur der Kreuzgang blieb ein weltliches Gebäude, und so ist der Einbau aus Holz, der den Klosterhof abdeckte, mittlerweile ein historisches Dokument der Industriearchitektur.

»Dann war hier lange eine Schreinerei«, erklärt de Blasio, »die Holzverarbeitung hat die Fresken ruiniert, Rauch, Feuer, Staub, das halten die nicht lange aus.« Im Jahr 2000 erwarb die Region den Teil, der nicht zur Kirche gehörte, »2011 haben wir ihr einen Teil abgekauft«.

Die Made in Cloister Foundation begann 2012 mit der Restaurierung des Kreuzgangs. »Wir wollten ein für die Stadt offenes Ausstellungs- und Aufführungszentrum«, vor allem sollte auch die direkte Nachbarschaft profitieren. »Wir haben nach qualifizierten Handwerkern gesucht, Schreinern, Intarsienarbeitern, nach Keramik, Porzellan aus Capodimonte, Schmiedeeisen, Marmor, Majoliken, Mosaiken. Es gibt so viel lebendiges Kunsthandwerk im historischen Zentrum.« Und gerade die Umgebung hier sei noch »belebt von normalen Nachbarn«. Capuana sei immer multiethnisch gewesen, »das war der Zugang zur Stadt für alle, die nicht übers Meer kamen, für Händler, für Reisende«. Sie möchten mit Kunst und Kultur das Viertel entwickeln. Die Nachbarn kommen zu Veranstaltungen, es ist jetzt wieder ein öffentlicher Raum.

Die Eröffnungsausstellung gestaltete der chinesische Künstler Liu Jianhua. Er platzierte auf Säulen im Kreuzgang – Migranten aus der Nachbarschaft. Bei der Vernissage standen sie leibhaftig auf Podesten aus Majolika, für die Ausstellung ersetzte er sie durch lebensgroße Figuren aus Pappmaché. Für die Aktion wurden vierundzwanzig Immigranten interviewt, aus China, aus Afrika, aus Osteuropa. »Teilweise Neuankömmlinge, aber auch solche, die schon lange hier leben, arbeiten, Italienisch sprechen.« Dazu waren im Kreuzgang zweitausend Blumen aus Porzellan aus der traditionsreichen Keramikwerkstatt von Capodimonte verteilt, sie sollten Zerbrechlichkeit darstellen.

De Blasios Familie hat eine lange Tradition der Lederverarbeitung, »meine Großeltern sind hier im Viertel geboren«. Die Verbindung vom Kunsthandwerklichen zur Kunst habe ihn immer schon interessiert. So sollen hier lokale Handwerker und internationale Künstler zusammenkommen, ihnen schwebe die »Schaffung eines Netzwerks kreativer Unternehmen« vor, um so zur Stadterneuerung der Nachbarschaft beizutragen, auch mit dem Relaunch der »Handwerkskunst«.

Zudem gebe es soziale Aktionen, so speisen sie jeden Montag vierzig Bedürftige. Sie werden manchmal von Spitzenköchen bekocht. Für die jeweilige Auswahl der Essensgäste arbeiten sie mit einer Sozialkooperative zusammen, »wir möchten, dass immer Italiener und Immigranten gemeinsam essen«. So kämen die Menschen einmal »raus aus ihrem Alltag des Kämpfens in einen Ort der Künste. Das beeinflusst dann auch ihr Leben.«

Jeden Sommer gibt es eine Fotoausstellung, so waren etwa die Bilder von Art Kane zu sehen. Der Amerikaner fotografierte ab den fünfziger Jahren alle Größen des Rock und Pop, von The Who bis zu Whitney Houston, von Bob Dylan bis Janis Joplin. An einem Abend wird, passend zur Fotoausstellung, »Janis. Little Girl Blue.« gezeigt, der herzzerreißende Dokumentarfilm von 2015 erzählt Janis Joplins Lebensgeschichte. Auf den Stühlen im Kreuzgang sitzen Menschen, die dann doch nicht aussehen wie direkt aus der multikulturellen Nachbarschaft, sondern eher nach Bildungsbürgertum aus der ganzen Stadt. Der amerikanische Film läuft in einer italienisch synchronisierten Fassung. Immerhin: Die Stimme, die Janis' Briefe vorliest, gehört Gianna Nannini.

Die bemerkenswerte Einführung zum Film gibt Carmine Aymone, Neapels renommiertester Musikkritiker. Jedenfalls für alles, was jenseits des klassischen Teatro Carlo so läuft. Aymone, ein gewichtiger Mann mit hüftlangen schwarzen Haaren, vielen grauen Strähnen und schwarzem Vollbart, wirkt wie ein Raufbold, ein wilder Kerl. Aber mit sanfter Stimme hebt er zu einer Eloge über die früh verstorbene Sängerin an. »Sie war die beste Rocksängerin aller Zeiten. Punkt.«

Aymone hat zahllose Bücher geschrieben über Musikgeschichte, über tote Stars und lebende, und viele über die neapolitanische Musik. Natürlich darf da ein Buch über Pino Daniele nicht fehlen. (Mehr über den Musiker im nächsten Kapitel.)

Beim Absacker an der Bar meint de Blasio noch: »Neapel hat tolle Museen, das Archäologische ist eines der besten weltweit. Dann das für moderne Kunst, es tut sich etwas, es gibt einen spürbaren Aufschwung der Stadt, und wir sind mit dabei.«

»Napule è«

Sanità feiert Totò und Pino Daniele

Sanità ist eines dieser Sowohl-als-auch-Stadtviertel Neapels. Es gilt als Brennpunkt der Kriminalität, aber die ersten Touristen flanieren schon die Hauptstraße Via Villari entlang. So sieht man nördlich der Altstadt bereits junge blonde Männer mit Dutt und junge Frauen mit Kånken-Rucksäcken. Eine Bar macht einen auf Shabby Chic, während ohnehin rundum der Putz blättert. Nebenan serviert man Chardonnay Frizzante für zwei Euro fünfzig – der Liter. Neue *Aperitivo*-Lokale entstehen, der Besitzer von Alimentari da Ciro hat einen Vorschlaghammer genommen, von seinem Laden aus einen Durchgang geschaffen und serviert nun an Stehtischen Mozzarella, Wein, Salami.

Hier wuchs in einer Nebengasse Totò als uneheliches Kind eines Grafen auf. Der Schauspieler und Komödiant ist in Neapel weltberühmt … Die Neapolitaner sind stolz auf ihn und fallen vom Glauben ab, wenn man sagt, er sei außerhalb Italiens kaum bekannt. 2018 ehrte ihn die Rione Sanità mit einer Leuchtinstallation, seither überspannen Neongedichtzeilen eine Gasse.

So eine Installation soll nun, im Herbst 2019, auch Pino Daniele bekommen, der in etwa dasselbe Schicksal teilt. Die Hits des rockigen Liedermachers können in Neapel alle mitsingen, nördlich der Alpen aber ist er weit weniger bekannt als etwa Lucio Dalla. Pino Daniele starb im Januar 2015 mit neunundfünfzig Jahren an einem Herzinfarkt. Neapel trauerte, und wenige Tage darauf sang vor einem Spiel gegen Juventus das ganze Stadion San Paolo sein »Napule è«, die Hymne, die die Zerrissenheit der Stadt thematisiert.

Ein privates Museum, das Museo della Pace, hat eine Dauerausstellung zu Pino Daniele eingerichtet. Man sieht ein nachgebautes Aufnahmestudio, einige Videos und hauptsächlich Gitarren. Eine Führerin erklärt, Daniele sei auch in Amerika aufgetreten! Das Erstaunen, Neapel gelte etwas in der Welt.

Nun also sind einige Zeilen des Liedes »Napule è« über die Via Arena della Sanità gespannt, *»Napule è mille culure, Napule è mille paure«* – Neapel, das sind tausend Farben und tausend Ängste. Noch leuchten sie nicht, das feierliche Anknipsen soll an diesem Abend um halb neun erfolgen. Natürlich ist das nur eine ganz grobe Angabe. Die Aufregung steigt, jemand sagt durch, der Bürgermeister werde um Viertel nach neun erwartet. Die Leute warten geduldig eine Stunde und nutzen die Gelegenheit, mit der Nachbarschaft ein Schwätzchen zu halten.

In der Frutteria, einem Obstladen seit 1975, sagt der Besitzer, er finde die Installation auf jeden Fall schön. »Und etwas Schönes anzubringen, das wertet das Viertel auf.« In einer Bar sitzen vier Männer mit glasigem Blick, ich frage, was sie von der Installation halten. »Toll!«, rufen sie, »die Verse von Totò!« Ja schon, aber die hier direkt vor der Tür, die sind doch von Pino Daniele … »Ja, auch toll! Pino Daniele, Totò, das ist Neapel.«

Die Via Arena della Sanità wird immer voller, einige Politiker sind angekommen, dann große Aufregung, großes Gedränge, Smartphones werden in die Höhe gereckt. Durch die Gasse geschoben wird James Senese, ein Weggefährte Danieles. Senese, 1945 als Sohn eines schwarzen amerikanischen GI und einer Neapolitanerin geboren, vaterlos aufgewachsen, Saxofonist, hatte in den Siebzigern mit Pino Daniele zusammen die Jazzrrockband »Napoli Centrale« gegründet.

Immer noch viel Zeit, die Menschen zu beobachten. In Sanità tragen die Frauen gerne einen kurzen Rock oder gleich ein Glitzerkleid mit tiefem Ausschnitt. Eine andere Körperlichkeit wird hier zelebriert als im Norden. Frauen mit klassischen Sophia-Loren-Figuren. Klar, das ist ein Klischee. Aber der Körper, das Körperliche, wird nicht versteckt.

Schließlich ist der Bürgermeister in Sanità angekommen, Kameraleute und Presse umringen Luigi de Magistris, die Nachbarschaft freut sich über den Besuch – und »aaah«: Die Lichterschrift leuchtet, Pino Danieles Song erstrahlt als Straßenkunstwerk, und natürlich erklingt das Lied, und natürlich singen alle mit: *»Napule è nu sole amaro, Napule è addore 'e mare«* – Neapel ist eine bittere Sonne, Neapel ist der Duft des Meeres.

Die Stadt, der Müll und der Lärm

Manchmal geht einem Neapel ganz schön auf den Wecker

Neapel ist schrecklich. Es ist grässlich. Es ist nicht zum Aushalten. Der Lärm macht einen irre. Überall liegt Müll, die Tonnen quellen über, auf den Straßen verrotten alte Matratzen, es gibt mehr Hundekot als früher in Berlin. In den Nebenstraßen der Altstadt stinkt es nach Pisse. Die Motorroller fahren hautnah an einem vorbei, man erschreckt sich fürchterlich. Wenn man dann die Handtasche umklammert, wäre es ohnehin schon zu spät. Überall reingelegt und über den Tisch gezogen wird man auch.

Wer auch für nur ein paar Tage nach Neapel kommt, wird irgendwann diesen Punkt erreichen. Und warum ist es hier überall so laut? So dreckig? Schon der Straßenverkehr lärmt wie die Hölle, und in den Fußgängerzonen, ich wiederhole: den Fußgängerzonen, preschen aufgemotzte Roller vorbei. Als wäre das nicht genug, baut einer einen Stand auf, verkauft CDs – wer bitteschön kauft heute noch CDs? Um das Publikum zu überzeugen, dreht er einen Ghettoblaster bis zum Anschlag auf. Muss er ja auch, um den Rollerlärm zu übertönen.

Und die Unzuverlässigkeit. Am Ticketstand für die Überfahrt zu den Inseln im Golf. Die *biglietteria* ist geschlossen. Ein Kellner von nebenan sagt sanftmütig: »Ah, wahrscheinlich dauert das Mittagessen länger.« Es ist sechzehn Uhr zehn, jetzt sollte der Schalter öffnen. Aber es sei doch Sonntag! Die müssen sonntags arbeiten, das müsse man sich mal vorstellen! Da könne man doch bitteschön Verständnis und Mitleid haben. Man wartet zehn Minuten, einige Wartende recherchieren, eine Telefonnummer macht die Runde. Man ruft an. Die Dame sagt: Der Schalter öffnet vierzig Minuten vor Abfahrt, und die nächste Abfahrt ist um neunzehn Uhr. Also gegen halb sieben würde jemand da sein. Circa. Halb sieben. Aber warum steht hier, um sechzehn Uhr zehn würde der Schalter öffnen? Ach, lassen wir es. An solchen Dingen kann man schon als Tourist verzweifeln, wie muss es für diejenigen sein, für die das Alltag ist? *Arrangiarsi* ist ein wichtiges Wort, man findet sich ab, richtet sich ein, arrangiert sich eben. Sonst wäre alles nicht auszuhalten.

Aber warum liegt überall so viel Müll? Kann das keiner mal wegräumen?

2011, noch unter der Regierung Berlusconi, schrieb Roberto Saviano, die Müllkrise sei in Neapel keine Krise mehr, sondern der Normalzustand. In seinem Roman »Gomorrha« beschreibt er das Organisierte Verbrechen und wird seitdem von der Camorra bedroht. Der Journalist und Schriftsteller deckte auf, dass die Camorra, also die neapolitanische Mafia, ihre Hände tief in den Müll vergraben hatte. Das System war kompliziert und – korrupt. Die Clans steckten riesige Gewinne ein, weil sie mit der Müllentsorgung beauftragt wurden. Entsorgung bedeutet: Müllkippen. War eine dieser Deponien voll, wurde sie sofort geschlossen, der Müll blieb in den Straßen liegen. Eigentlich wären die Deponien für Jahrzehnte groß genug für das lokale Aufkommen gewesen, doch die Mafia verklappte auf diesen den Müll aus ganz Italien und halb Europa.

Und heute? Es fehlt an Verbrennungsanlagen, an Mülltrennung und vor allem an Müllvermeidung. Wer in einer Bar einen *caffè* trinkt, bekommt dazu Wasser, im Plastikbecher. In den Supermärkten stapelt sich das Einmalgeschirr meterlang in Regalen, darunter kein einziger Pappteller, alles Plastik. In allen Supermärkten wird das angeboten, weil auch Privathaushalte Einweggeschirr verwenden. Ist so schön praktisch, man muss nicht spülen.

Immerhin geht der Weg nun, unter Bürgermeister de Magistris, in die richtige Richtung. De Magistris hat die entscheidenden Posten bei der städtischen Müllabfuhr ASIA neu besetzt. Und er ließ hundert Abfalltonnen in der Altstadt durch in den Boden eingelassene Behälter und Sperrmüllsammelstellen ersetzen. Es gibt nun auch Mülltrennung, *raccolta differenziata*. Die Müllwagen fahren die ganze Nacht hindurch, wer in einer Wohngegend lebt, kann das leidvoll bestätigen. Aber irgendwie muss der Abfall dieser absurd dicht besiedelten Innenstadt ja weggeschafft werden.

Ist man in Neapel Saviano dafür dankbar, dass er den Finger in die Wunde legte? Nein. Auch Menschen, die seine politische Haltung teilen, werfen ihm vor, Neapel in den Dreck zu ziehen, um im Bild zu bleiben. Der Aufklärer gilt als Nestbeschmutzer, auch de Magistris hat sich so geäußert. Saviano stelle immer nur das Negative dar, sagte er in einem Interview. Natürlich gebe es »das Schlechte in unserer Stadt«. Aber wenn immer nur das dargestellt werde, dann sei es fast so, als unterstützte man das Schlechte indirekt. »Und damit die Camorra und das Organisierte Verbrechen.« Es sei wichtig, auch das Positive zu sehen. »Wir müssen zeigen, dass jeder die Mittel und die Wahl hat. Die Wahl, sich zu entscheiden, für das Schlechte oder für das Gute. Für einen kriminellen Weg oder für einen legalen Weg.« Wer immer nur von den schlechten Seiten erzähle, mache die Arbeit derjenigen zunichte, die für das Gute kämpften.

Die Zivilgesellschaft Neapels beginnt aber auch, sich gegen die Vermüllung der Stadt zu wehren. So etwa direkt neben dem MADRE, dem Museo d'Arte Contemporanea Donna Regina. Dort führt eine Treppe bergauf, auf der immer viel Müll lag. Die Nachbarschaft und das Museum packten an, die Organsiation Cleanap hängte sich rein, und bald war die Treppe sauber, zudem wurden Blumenkästen aufgestellt, Samen ausgebracht, Urban Gardening in Neapel. Fünf Tage später sprossen zarte Minze und Kräuterschösslinge in den Blumenkästen. Aber leider, leider: Quer über die Treppe liegt schon wieder eine alte, speckige Matratze.

Ein Auto fährt vorbei, aus dem Fenster flattert das Cellophanpapier einer Zigarettenschachtel. Mir fällt eine andere Szene ein, die sich vor vielen Jahren ereignete. Mit einer italienischen Studienfreundin spazierte ich in Kalabrien an einem felsigen Strand. Sie hatte eine Tüte mit Süßigkeiten aufgegessen und ließ die leere Tüte einfach davonfliegen. Als ich sagte, »Aber das ist doch Müll, das geht doch nicht«, antwortete sie: »Ach, der Wind trägt es doch davon.« Diese irrationale Vorstellung, es werde sich schon jemand drum kümmern, und sei es der Wind.

Diese Matratzen mitten auf einer Treppe – was für eine Zumutung. Ja. Stimmt. Aber das ist ja nun keine neapolitanische Spezialität. Auch in Berlin schaffen Menschen nachts die Dinger auf die Straße, legen dann sogar noch einen Zettel dazu: zu verschenken. Was für ein Hohn.

Wird man betrogen? Ja, aber da ist man auch meistens selbst schuld. »Keine Schachteln kaufen!«, warnt der Nachtportier im Hotel in Bahnhofsnähe. Denn oft habe man gehört, dass in der Schachtel dann nicht das schicke Smartphone, sondern Steine drin stecken. Aber wer betrügt hier wen? Es ist ja mehr als offensichtlich, dass es den Schwarzmarkt nicht gäbe, wenn die Nachfrage nicht da wäre. Logischerweise ist das saugünstige iPhone nicht legal beschafft. Wer das verkauft, aber auch wer das kauft, weiß das.

»Die Afrikaner«, so sagt der Nachtportier, würden betrügen. Die Italiener nicht. Da fällt mir die Geschichte ein, die ein befreundeter Fotograf erzählte. Er war auf dem Weg zu den Liparischen Inseln, als ihm auf dem Straßenmarkt in Neapel diese fantastische Leica angeboten wurde. Zu einem fantastischen Preis. Er konnte nicht widerstehen. Als er im Hotel die Originalschachtel öffnete, lag ein schön verpackter Ziegelstein drin. Die Geschichte ereignete sich vor langer Zeit, irgendwann in den achtziger Jahren, lange vor der Ankunft der »Afrikaner« in Neapel. Der Freund trug es mit Fassung. Das komme eben davon, meinte er, wenn man pfiffiger sein möchte als ein neapolitanischer Straßenhändler.

Wer in Neapel zu Besuch ist und es nicht mehr aushält: Suchen Sie sich am besten einen Ort, von dem aus Sie alles überblicken können. Das Chaos, das Fließen. In einer Bar in Spaccanapoli, beim enthobenen Blick vom Vomero oder eben am Meer, das die Stadt nach einer Richtung öffnet. Nehmen Sie Platz bei einem der einfachen Kioske, hier *chalet* genannt. Bestellen Sie sich eine Cola oder eine Flasche »Napoli« Bier, rücken Sie sich den billigen weißen Plastikstuhl zurecht, schauen Sie hinaus aufs Wasser, kehren Sie der Stadt für eine Weile den Rücken.

So: wieder erholt? Dann nichts wie zurück ins Getümmel. Aber denken Sie daran: Keine eingepackten Schachteln kaufen!

Pavarotti meets Pipilotti

Ein ganz normaler Abend

Ein Abend in einer ganz kleinen *trattoria* in den Quartieri Spagnoli. An den wenigen Tischen sitzt schon ein Ehepaar aus Turin, er ist Obstgroßhändler, sie machen einen Kurztrip in den Süden, »Italien kennenlernen«, sagt sie. Am Nachbartisch zwei junge Israelis.

Auftritt ein auffällig schräges Paar. Beide sind etwa sechzig. Die Haare der Frau sind grell pinkbunt, wie eine Installation von Pipilotti Rist, sie trägt eine Mütze, einen farbenfrohen Mantel, bunte Ketten. Sie ist mager. Und schrill, laut, britisch-exzentrisch. Eine Keramikkünstlerin. Er trägt Jeansjacke, Stock und Hut, ist still. Sie unterhält nun die *trattoria*, spricht etwas Italienisch, aber kaum verständlich. Sie bestellen Essen, sehr viel davon. Muscheln, Fisch, Pasta, aber essen kaum, hier eine Gabel, dort einen Bissen. Sie reden mit allen, sind laut, unterhaltsam, Italiener lieben das ja auch.

Die Künstlerin schüttet Weißwein in sich rein. Sie steht auf, geht. Sagt zum Wirt, der aussieht wie Pavarotti, aber wirklich, sie gehe kurz weg, komme aber wieder. Ihr Mann bleibt sitzen, blickt stumm und unbeweglich auf seinen halb gegessenen Teller. Nach einer Weile kommt sie zurück, drückt Pavarotti ein Objekt in die Hand, eine Keramik von ihr, und sagt, »*Grazie per la bella serata*«. Danke für den schönen Abend.

Pavarotti drückt es an seinen behäbigen Leib und fängt an zu weinen.

Er erklärt dem italienischen Ehepaar aus Turin: »Ihr wisst ja, wie das ist, wir Italiener, wir legen so viel Herzblut in unsere Arbeit. Ich bin Wirt, ja, aber es bedeutet mir so viel, die Gäste von überall, es ist mein Leben. Und wenn dann so etwas passiert, das macht mich total emotional.«

Er dreht sich weg, wischt sich die Augen. Geht zur Musikanlage. Eben lief Ennio Morricone, »Es war einmal in Amerika«, das Paar aus Turin sang mit. Jetzt legt er, muss ja wohl sein, ausgerechnet Pavarotti auf. Pavarotti singt Dalla: »Caruso.« Diese *canzone* von Lucio Dalla besingt den alten Caruso, der zurückgekehrt ist nach Sorrent, ganz in der Nähe.

Qui dove il mare luccica,
E tira forte il vento
Su una vecchia terrazza
Davanti al golfo di Surriento

Der Tenor Enrico Caruso als alter Mann, er steht auf der Terrasse, blickt aufs Meer und sinnt über sein Leben nach. Über seine Erfolge auf der ganzen Welt, und dass er zu Hause, im geliebten Neapel, diese Anerkennung nicht fand. Wer jetzt noch keine Tränen verdrückt, der hat kein Herz.

Der Wirt spendiert Limoncello und Melonenlikör für alle.

Und serviert den Briten aus Bristol das Beste, das er zu bieten hat: eine Platte mit Fisch und Meeresfrüchten, Küchenkunst. Ein Gemälde aus Mittelmeerdiät.

Die Briten sind gerührt, vielleicht, essen aber kaum noch etwas. Die Künstlerin ist jetzt komplett betrunken, der Mann verzweifelt. Er wird immer lauter und sagt zu ihr: »I don't know where we are staying!« Nur du weißt, wo unser Zimmer ist! Sie schaut ihn mit großen Augen an unter ihren pinken Haaren, sie versucht, etwas zu seiner Beruhigung zu sagen, bringt aber keinen Satz mehr heraus.

Ich weiß nicht, ob sie den Weg nach Hause gefunden haben. Pavarotti hat wohl eine Lösung ersonnen.

»Neapel hatte immer diese offene Seele«

Die linke Stadträtin Eleonora de Majo im Interview

Während Eleonora de Majo noch in einer Konferenz festsitzt, bleibt Zeit, das Arbeitszimmer der linken Stadträtin zu betrachten. In einer Ecke siecht Pampasgras dahin, auf einem Tisch hockt eine Schildkröte aus weißem Porzellan, ein schwarzes Ledersofa an der Wand; das Büro wirkt, als wären die Möbel schon da gewesen und als wäre es ihr egal, wie es hier aussieht.

Bis auf die Protestplakate an den Wänden. *»Mai con Salvini. Napoli non ti vuole«*, steht auf einem, darauf tummeln sich bunt gemalte Menschen im Stil des Berliner Sponti-Zeichners Gerhard Seyfried: »Niemals mit Salvini. Neapel will dich nicht«, sagt die Überschrift. Ein anderes ruft zur »Verteidigung unserer Erde auf«, kämpft für ein Recht auf Gesundheit, für eine gerechte Umwelt, für eine Zukunft frei von Camorra und Müll. Che Guevara blickt grimmig wie immer von einer roten Flagge. *»No TAV«*, ruft ein anderes Plakat, ein Protest gegen den Hochgeschwindigkeitszug Treno Alta Velocità. Und über dem Schreibtisch hängt der italienische Klassiker der linken Revolte: eine Reproduktion des monumentalen Gemäldes »Il quarto stato« von Giuseppe Pellizza da Volpedo. Auf dem Bild von 1901, das als Poster seinen Weg auch in deutsche WG-Küchen der achtziger Jahre fand, marschiert ein Demonstrationszug von Landarbeitern – der vierte Stand – in erdfarbener Kleidung auf den Betrachter zu, angeführt von zwei Männern und einer Frau. Und über dem Schreibtischstuhl von Eleonora de Majo liegt ein T-Shirt mit dem roten fünfzackigen Stern und der Aufschrift »*Resistere*« – widerstehen.

Somit ist ungefähr klar, wer hier arbeitet. Schwungvoll betritt sie ihr Büro, man wundert sich nicht, dass an der Glastür ein Zettel hängt, das Schloss sei kaputt, man solle die Tür vorsichtig öffnen und schließen: Eleonora de Majo, 1988 in Neapel geboren, seit 2016 hier Stadträtin, gewählt für die Liste DemA (Democrazia e Autonomia).

Zeit für ein schnelles Interview.

Was war Ihre Motivation, in die Politik zu gehen?

Dazu muss ich etwas ausholen. 2011 lebten wir in einer düsteren Zeit in Neapel. Da war die große Müllkrise, da waren diese Verbindungen zwischen Organisierter Kriminalität und Lokalpolitikern, eine Epoche von Korruption und schlechter Politik. Man traute den politischen Parteien nicht, so begannen soziale Bewegungen, einen eigenen Kandidaten zu suchen, der außerhalb der Parteien steht. Ich war in einem Komitee, das gegen eine Deponie im Norden der Stadt kämpfte. Luigi de Magistris, der sich im Europäischen Parlament für Umweltschutz einsetzte, kam in unsere Nachbarschaft. Wir sahen in ihm den perfekten Kandidaten. Er war populär in Italien, weil er Untersuchungen gegen berühmte Politiker leitete, er war täglich im Fernsehen. Wir haben mit ihm geredet und so stellte er sich als Spitzenkandidat eines linksliberalen Parteienbündnisses zur Kommunalwahl und wurde 2011 zum Bürgermeister gewählt. Ich selbst komme vom Sozialzentrum Insurgencia, wir waren Teil einer großen Bewegung für Umweltgerechtigkeit, gegen die Deponie, gegen Umweltkatastrophen, gegen Biozide. Ich war mit zweiundzwanzig zu jung. 2016 haben meine Gefährten dann gesagt, ich solle für den Stadtrat kandidieren. Luigi suchte nach Menschen aus Bewegungen von unten, um die Zivilgesellschaft in den Stadtrat zu bringen. Ich wurde gewählt, deshalb sitze ich nun in diesem Büro.

Sie haben Philosophie studiert. Gibt es einen philosophischen Zugang zu Ihrer politischen Arbeit?

Ich habe politische Philosophie studiert, an der Uni habe ich mich sehr für Fragen zur Staatsbürgerschaft interessiert, für die Frage von Nationalität in Europa. Theoretische Überlegungen – und dann kam ich hier an, in der Praxis.

Was waren die Unterschiede?

Viele theoretische Dinge haben keinen Bezug zur Realität. Meine Abschlussarbeit schrieb ich über »Civis communis e civis oeconomicus: die neoliberale Stadt als konfliktbeladenes Vorbild«. Der ökonomische Mensch lebt neoliberal: Dein ganzes Recht als Bürger fußt auf deinen ökonomischen Möglichkeiten. Ein Leben als Teil der gemeinschaftlichen Zivilgesellschaft ist das Gegenteil. Alles, was du tun kannst, das kannst du nicht allein tun, es geht um die Würde des Arbeitens, um ein Recht auf Soziales, darum, diese Rechte zu erkämpfen.

Neapel gilt als offene Stadt, was sind die historischen Wurzeln dazu?

Neapel war immer ein Spielplatz für Eroberer: Spanien, Frankreich, die italienische Übernahme, denn die italienische Vereinigung war für Neapel ein Nachteil. Unsere Stadt ist ein Mix aus Kulturen und Religionen, offen zum Meer hin, zur arabischen Kultur. Unser Dialekt, das Neapolitanische, vereint Einflüsse aus dem Französischen, Spanischen, Arabischen, sogar aus dem Amerikanischen, weil Soldaten nach dem Zweiten Weltkrieg ein paar Wörter dagelassen haben.

Zum Beispiel?

Wenn ich jemandem etwas gebe, sage ich »*Takte!*« – nimm es, von: Take it!

Könnte Neapel beispielgebend für Italien sein?

Neapel hatte immer diese offene Seele und die offene Kultur. Eine Hafenstadt kann nur auf der Basis von Solidarität funktionieren. Alle Arten von sozialen Kooperationen, von sozialen Organisationen waren kollektive Formen – auch das Organisierte Verbrechen, wenn man es genau besieht. In dieser Stadt ist alles eine gemeinschaftliche Bewegung, im guten wie im schlechten Sinne. Aber dadurch konnte sich Fremdenhass weniger entwickeln. Weil unsere Wurzeln schon in verschiedenen Kulturen liegen.

Heute steht Neapel vor großen Herausforderungen. Refugees welcome, das ist die Politik Neapels. Wie gehen Sie vor?

Da gibt es zwei Dinge zu beachten. Das eine ist der Moment der Ankunft. Ich bin der Ansicht: Jeder Ort, jeder Hafen, jede Küste muss offen sein für Schiffe voller Menschen. Denn wir können nicht zulassen, Menschen im Mittelmeer zu verlieren. Wir deklarieren Neapel klar als offenen Hafen. Der ehemalige Innenminister (Salvini) sagte: »Die Häfen sind zu!« Aber wir tun alles, um den Menschen zu erlauben, unsere Küste zu erreichen. Auch um sie mit unseren Booten von den NGO-Schiffen runterzuholen. Aber der zweite Schritt, die Integration, ist nicht leicht zu managen. Vor allem nicht für eine einzelne Stadt.

Wie soll Integration in Neapel organisiert werden?

Die Bürger der Stadt müssen verstehen, was in den Herkunftsländern passiert, warum wir sagen, dass die Immigranten alle kommen können – es ist sicher historisch nicht die beste Zeit, um das zu verkünden. Und dann muss zusammengearbeitet werden. Wir haben mit anderen Bürgermeistern ein informelles Netzwerk italienischer Städte und Dörfer gegründet. Es gibt Dörfer, die fast verlassen sind, für die sind diese Menschen eine Chance. Das hat etwa Mimmo Lucano in Riace erkannt und umgesetzt. Die Migranten halten die Schulen offen und das Dorf am Leben. So haben wir sie verteilt: fünf Familien nach Mailand, drei Familien hierhin, drei dorthin. Aber mit Salvini als Minister wurde alles wirklich sehr schwer.

Wird es nun besser werden?

Ich denke, wir werden keine großen Desaster mit den NGO-Schiffen mehr haben. Aber wir müssen eine europäische Lösung finden. Das Dublin-Abkommen muss geändert werden. Natürlich. Wir können es nicht allein schaffen. Wenn alle Immigranten bei uns bleiben, öffnet dies den Rechten alle Türen, sie sagen dann: »Ja, das haben wir nun davon.«

Wie soll es also klappen?

Wir haben zwei verschiedene Systeme, eines ist vom Innenministerium organisiert, und es ist ein Desaster. Leere Gebäude wie Hotels und verlassene Fabriken werden vollgestopft mit hundert, hundertfünfzig Menschen, und das inmitten dicht besiedelter Wohngegenden. Das ist das beste Rezept für Xenophobie. Da sind verschiedene Kulturen aus Afrika, verschiedene Bräuche, Religionen, Kulinarik, und das in einer armen Nachbarschaft, es ist immer eine arme Nachbarschaft mit Sozialwohnungen – das ist sozialer Sprengstoff. Die müssen alle geschlossen werden! Die zweite Variante wird von den Gemeinden verwaltet. In dem Fall werden kleine Gruppen von Migranten in einem Haus voller italienischer Menschen untergebracht. Dort war es immer die gleiche Erfahrung: Vier, fünf Fremde in einem Wohnblock, das hat eine Situation von Solidarität geschaffen: »Ich habe dieses zu kleine Shirt von meinem Kind, vielleicht passt es deinem.« »Wir haben Kuchen, magst du etwas?« Und es ist auch Neugierde dabei, und so läuft das dann. Man beginnt zu fragen: »Woher kommst du? Wer bist du?«

Zeigten sich die Neapolitaner solidarisch?

Es war überwältigend. Als ein erstes großes Schiff anlandete, kamen viele Menschen an den Hafen zum Helfen. Und wir haben auf unserer Website aufgerufen: »Bitte bringt Schuhe, Kleidung, Handtücher, Sachen für Kinder.« Hunderte und Aberhunderte von Dingen wurden gebracht, eines der schönsten Beispiele für Solidarität. Während der Sea-Watch-3-Krise haben wir nach Leuten mit Booten gesucht, die rausfahren können, und die holen. Hunderte von Menschen schrieben: »Wir haben Boote. Wir kommen.«

Xenophobie scheint Teil der menschlichen Natur zu sein. Was kann als Gegenmittel wirken?

Das beste Gegenmittel ist direkte Erfahrung. Man trifft oft Menschen, die schlimme Dinge sagen. Aber wenn ich mir Zeit nehme und mit ihnen rede, frage, warum sie das sagen, dann hatten die nie mit Fremden zu tun. Wenn sie dann jemanden kennen, sagen sie eher: »Nein, nicht der Soundso, das ist ein feiner Kerl.« In so einer gemischten Gesellschaft findet Xenophobie keinen Humus.

Was lieben Sie an Neapel?

Ich liebe die dynamische Untergrundkultur, Musik, Street-Art, Bücher, Autoren – Neapel ist ein permanentes Labor von Kunstschaffenden. Ich liebe die menschliche Natur der Neapolitaner. Ich komme aus der linken Szene, offensichtlich, aber wenn ich eine Bar betrete, hat mich nie jemand feindlich betrachtet. Es ist nicht so, dass hier alle meiner Meinung wären, es kommt zu lauten Diskussionen, aber man hat eben Zeit zu reden, sich zu erklären. Und natürlich die Stadt als solche, die Landschaft, *la bellezza*. Unvergleichbar.

Und was macht Sie ungeduldig?

Die Zukunft der Stadt. Wir haben viel angestoßen in diesen ersten acht Jahren im Stadtrat, wir haben Samen gesät, ich bin ungeduldig zu sehen, was daraus erwächst. Ich weiß, dafür braucht es Zeit, Jahre und Jahre. Aber ich bin jung, ich werde es wachsen sehen.

Unterwegs mit Migrantour

Eine Stadtführung zu »Tausend Welten am Bahnhof«

»Ich höre im Bus Leute, die sagen: Die sollen doch wieder dahin zurückgehen, wo sie herkommen.« Im Fall von Andreina Lopes-Pinto ist das schwierig: Die dunkelhäutige Siebenunddreißigjährige ist in Neapel geboren. Seit Salvini spüre sie zunehmend ein Klima des Hasses. Zwar habe sie persönlich keine tätlichen Angriffe erlebt, aber solche Sprüche müsse sie sich anhören. Sie fühle sich nicht mehr so wohl in ihrer Heimatstadt.

Um diesem Klima etwas entgegenzusetzen, steht Lopes-Pinto nun unter dem riesigen Garibaldi-Denkmal am Hauptbahnhof und wartet auf die Teilnehmer ihrer »Migrantour«. Auf der zweistündigen Tour geht es in die »Tausend Welten am Bahnhof«, die Teilnehmer sollen einen Einblick in die Lebensverhältnisse des multikulturellen Viertels bekommen.

Andreina Lopes-Pinto arbeitet als interkulturelle Begleiterin für den Veranstalter Casba Social Cooperative, der sich für die Integration von Geflüchteten einsetzt. Seit 2014 seien etwa eine halbe Million Immigranten an den Küsten Italiens gelandet, Menschen, die Zuflucht suchten vor Krieg, Armut und politischer Instabilität, »die größte Migrationsherausforderung seit dem Ende des Zweiten Weltkriegs«, wie die Kooperative auf ihrer Website schreibt. Während die italienische Regierung auf Unterstützung aus Europa wartet, wachse der Migrantenstrom immer weiter. So gelte es, die Menschen, die nun mal hier sind, zu integrieren. Die Migrantouren wirken nach zwei Seiten. Zum einen bekommen Migranten eine Arbeitsmöglichkeit und können aus ihrer Sicht über ihre neue Stadt erzählen, und zum anderen erfahren die Teilnehmer diesen Blick auf Neapel.

Lopes-Pinto arbeitet für verschiedene NGOs als Kulturvermittlerin, eine Arbeitsstelle hat sie bislang nicht gefunden, trotz des Uni-Abschlusses in Internationalen Beziehungen und ihrer Mehrsprachigkeit. Ihre Mutter ist 1977 von den Kapverden nach Neapel gekommen, mit einem Arbeitsvertrag als Haushaltshilfe in der Tasche. Andreina spricht Italienisch, Englisch, Portugiesisch und Kreol.

Mit dem Satz »Hier liegt das multikulturelle Zentrum Neapels« beginnt Andreina Lopes-Pinto ihre Tour. Der Bahnhof und die Garibaldi-Statue von 1904 seien immer schon ein Treffpunkt für Migranten, ein Ankunfts- und Abfahrtsort gewesen. Gleich geht es in einen Supermarkt, nicht zum Einkaufen, sondern als Sehenswürdigkeit. Der Mercato Banana war der erste im Viertel mit asiatischen und afrikanischen Produkten. Hier liegt im Regal senegalesische Hirse neben Jasminreis, polnische Gemüsesuppe neben rumänischer Salami und japanischen Sojasaucen. Weiter geht es zu Ennor, dem ersten Halal-Metzger der Stadt, ein großer, schön kühler Laden, der sich auf den ersten Blick nur dadurch von einer italienischen Metzgerei unterscheidet, dass hier kein Schweinefleisch im Angebot ist.

Lopes-Pinto, die aus einer christlichen Familie stammt, erklärt, es werde oft nicht gesehen, welch starker wirtschaftlicher Impuls von der Immigration ausgehe, wie viele Läden und Restaurants entstanden seien. Etwa eineinhalb Millionen Muslime leben in Italien, hinzu kommen vermutlich weitere zweihundertfünfzigtausend *clandestini,* wie man hier sagt: nicht gemeldete Menschen. Für Muslime produziert Halal Italia mit mehreren Firmensitzen in Italien *lasagne* und *bresaola, mozzarella di bufala* und *pasta* nach den Halal-Vorgaben. Doch nur zwanzig Prozent davon sind für den italienischen Markt, der Rest geht ins Ausland, auch nach Deutschland. Gut hundert italienische Schlachtereien sind halal-gemäß, das ist insgesamt ein Fünftel aller Schlachtereien in Italien.

Wir spazieren weiter, »die Leute hier haben die Straßen umgetauft«, sagt Andreina, so wurde aus der Via Federico D'Aragona die Via Somalia und aus der Piazza Principe Umberto die Piazza Gambiana. Die starke Präsenz der Migranten fällt natürlich auf, asiatische und afrikanische Menschen sind in der Mehrzahl. Ausgerechnet hier, in einer schon schwierigen Gegend, seien anfangs all die Auffangzentren entstanden. »Das hat den Druck erhöht. Die Leute haben ja nichts zu tun, hängen in den Straßen herum. Das war schlecht.« Doch nun seien diese Zentren geschlossen, »das ist natürlich noch schlechter, weil Alternativen fehlen«.

Wie sich die Bilder gleichen: Vor hundert Jahren saßen Italiener in New York oder Buenos Aires auch in ihren Vierteln, feierten unter sich und bei *spaghetti* Hochzeiten und andere Feste. Gerade

Italiener sollten wissen, wie es sich anfühlt, wenn man die Heimat verlassen muss, weil dort das Geld, das Essen, nicht mehr ausreicht. Nichts anderes als Wirtschaftsflüchtlinge waren auch die vierzehn Millionen Italiener, die zwischen 1876 und 1914 auswanderten, in den letzten Jahren vor dem Ersten Weltkrieg bis zu einer halben Million pro Jahr. 1905 lebten in Buenos Aires zweihundertfünfzigtausend Italiener. Vierzig Prozent der Emigranten gingen in die USA, in ihre Little Italies. Dort aßen sie weiter lieber *spaghetti* als Pastrami, tranken lieber Rotwein als Whiskey.

Die Frage nach der Nationalität regelt sich in Italien wie in Deutschland nach dem Abstammungsprinzip, dem sogenannten Blutrecht oder ius sanguinis. Wohingegen im Angelsächsischen, also auch in den USA, das ius soli (»Recht des Bodens«) gilt, bei dem der Geburtsort die Staatsbürgerschaft begründet. Diesen Ansatz fordern italienische Menschenrechtler mit der Losung: *Italiano chi nasce in Italia* – Wer in Italien geboren wird, ist Italiener.

Eine Straßenecke weiter schickt uns Andreina in einen schlauchartigen Laden, in den wir gar nicht alle reinpassen. Und doch ist das Angebot an billigem Krimskrams von Sonnenbrillen bis Schmuck groß. Hier kaufen diejenigen ein, die Tische auf Wochenmärkten und an Straßenecken betreiben, sowie die ambulanten Verkäufer. Chinesinnen, die auf der Straße Fächer verkaufen. Nordafrikaner, die wie von Geisterhand einen Arm voller Schirme oder Plastikumhänge anbieten, wenn es regnet, und Stapel von Hüten durch die Stadt tragen, wenn die Sonne scheint.

Guides aus fünfzehn Ländern führen die Migrantouren, sie kommen etwa aus dem Senegal, der Ukraine, von den Kapverden. Die Runde endet am Straßenmarkt in der Via Bologna. Hier wird viel Afrikanisches angeboten, Ketten, Stoffe, Maghreb-Kunsthandwerk, aber auch Bleichmittel für die Haut. »Der Markt soll verlegt werden«, sagt Andreina. Offiziell gehe es um die Ausfahrt aus einem Parkhaus. »Wir glauben aber, das ist vorgeschoben. Diese Sichtbarkeit der Fremden, das passt nicht jedem. Deswegen sollen die Stände verschwinden.«

Ein Hauptprodukt sind Smartphone-Cover. Es ist ein Rätsel: Kauft man sich jede Woche ein neues? Da ich tatsächlich eines brauche, freut mich die Auswahl. Aber mein Smartphone ist uralt, bestimmt schon drei Jahre. Für dieses Modell müssen die Verkäufer tief in der Auslage kramen. Ich kann schließlich auswählen zwischen Glitzerkram, irgendwas mit Einhorn oder quietschgrün. Letzteres kommt mir noch am unauffälligsten vor.

Am Ende stehen wir in der Pasticceria Lauri. Auch die sieht aus wie Hunderte andere in Neapel, bietet aber Halal-Süßigkeiten an. Die sind ohne Schweineschmalz, ohne Butter und ohne Alkohol hergestellt, also passend für die Kundschaft aus dem Viertel. Giuseppe sei eben gut integriert, sagt Andreina grinsend, während der Besitzer Baklava zum Probieren reicht. Auf die Frage, was seine Spezialität sei, stellt er die Gegenfrage: »Italienisch oder arabisch?« Gute Frage. Blätterteig backen ja beide Kulturen. Nur bei der *sfogliatella*, dem bekanntesten neapolitanischen Gebäck, will er keine Abstriche machen: »Vorsicht vor denen, die sagen, dass diese mit Margarine hergestellt werden kann.« Er schüttelt sich, das schmecke nämlich nicht.

Angst und Vorurteile abzubauen, darum gehe es ihr, sagt Andreina, fügt aber an: »Diejenigen, die so etwas buchen, sind ohnehin die Aufgeschlossenen.« Auch wenn sie diese Touren schätze, überlegt die gut ausgebildete Frau, mit ihrem senegalesischen Mann wegzugehen, vielleicht in den Norden, vielleicht nach Luxemburg: »Es gibt so wenig Arbeit in Neapel, wie sollen wir hier leben?«

Vulkanisches I: Herculaneum

Wie der Vulkan die Psyche beeinflusst – und den Geschmack der Fische

Ich muss mal raus! Zeit für einen Ausflug. Mit der Circumvesuviana fahre ich nach Herculaneum. Bis zum Interviewtermin mit dem Direktor ist noch etwas Zeit, also schlendere ich durch die Ausgrabungen von Ercolano / Herculaneum. Die archäologische Stätte gilt als kleine Schwester von Pompeji, weniger bekannt und nicht so viel besucht. Was auch ein Glück sein kann.

Ein paar Tage zuvor war ich in Pompeji, frühmorgens und es regnete sogar, aber es nützte alles nichts: Die Menschen schoben sich am Tempel des Apollo vorbei zum Forum, dem Zentrum der Stadt mit den Resten des Jupitertempels. Zwischen all den Regenschirmen und den bunten, vom Wind aufgeplusterteten Ein-Tages-Ponchos konnte ich kaum einen Blick erhaschen auf das Haus des Fauns mit der kleinen Bronzestatue im Atrium oder auf das berühmte Mosaik »Cave canem«. Vor allem vor den berühmten Häusern drängten sich Menschentrauben, Smartphones und Fotoapparate gezückt. Alle Kreuzfahrtschiffe, die in Sorrent und Neapel ankern, schicken ihre Passagiere hierher, es sind Tausende am Tag, über zwei Millionen Besucher im Jahr. Und alle Neapelurlauber fahren sicher einmal hierher. Man kann es ihnen allen nicht verdenken – Pompeji und

Herculaneum, seit 1997 UNESCO-Weltkulturerbe, kann man unmöglich auslassen, wenn man Kampanien bereist. Der Vulkanausbruch von 79 nach Christus brachte großes Leid über den Küstenstreifen, wir heute verdanken ihm den Erhalt der Kunstschätze und einen klaren Blick in die Vergangenheit. Mit einer Mischung aus Faszination und Schaudern folgt man der Spur der Zerstörung des Vesuvs.

Vulkane sind anziehend und fürchterlich zugleich. Auch Plinius der Ältere konnte sich dem nicht entziehen, als der dramatische Ausbruch im Jahr 79 nach Christus anhob. Sehr genau schildert das sein Neffe, Plinius der Jüngere, in Briefen an den Geschichtsschreiber Tacitus, in denen er die Todesumstände seines Onkels erklärt. Berühmt ist die Beschreibung der Wolkenmasse, die sich vom Berg erhob. Laut Plinius »ähnelte sie in Form und Aussehen am ehesten einer Pinie«. Plinius der Ältere sah das von Misenum aus, am anderen Ende des Golfes von Neapel, er war also im Grunde in Sicherheit. Doch er ließ Schiffe klarmachen, um hinzufahren, zunächst aus Forscherdrang, dann auch um Menschen zu retten an der schon damals »wegen ihrer Schönheit dicht besiedelten Küste«. Bald regnete es Asche auf die Schiffe, Bims und Steine prasselten herab. Die Männer fuhren zu Freunden nach Stabiae in der Nähe von Pompeji, aber der Ausbruch war noch nicht vorbei. Man beratschlagte, ob es besser sei, in den Häusern zu bleiben oder rauszugehen. »Nach Abwägen der Gefahren gingen sie hinaus. Sie banden sich mittels Tüchern Kissen auf die Köpfe – das war ihr Schutz gegen alles Herabfallende.« Der alte, dicke Plinius brach am nächsten Tag tot zusammen, ob giftiger Dampf oder ein Herzinfarkt die Todesursache war, ist nicht überliefert. Der achtzehnstündige Ausbruch zerstörte die Städte Pompeji, Herculaneum, Oplontis und Stabiae, wohl fünftausend Menschen starben.

Während sich also in der Ausgrabungsstätte in Pompeji Menschenmassen durch die Gassen schieben, spaziere ich entspannt durch Herculaneum. In dieser Feriensiedlung bauten sich reiche Römer ihre luxuriösen Villen. Die Thermen prunken mit Marmorfußböden und Mosaiken. Im Haus des Neptun und der Amphitrite gefallen mir die farbigen Mosaiken besonders gut. Zwischen zwei hellen Säulen stehen der Wassergott und die Meeresnymphe, salopp um sich geschlungen tragen sie blaue Tücher. Beide sind als junge, schlanke Figuren dargestellt, als hätten sie ihre Körper beim Toben und Turteln im Meer geformt. Auf solches Sinnieren kommt man natürlich nur, wenn man Zeit hat für ein Mosaik und nicht gleich weitergeschoben wird. Nur eine Schulklasse absolviert hier gerade ihren Antikeausflug, alle tragen knallrote Basecaps. Vielleicht damit sie nicht verloren gehen in den Gassen.

Nun hat der viel beschäftigte Francesco Sirano, Direktor von Herculaneum, Zeit für ein Interview, eine Stunde, mehr sei nicht drin, sagt er. Am Ende sind fast zwei daraus geworden mit einem Themenreigen vom Vesuv über Griechenland und Goethe zu Falken und Fischen.

So falle ich gleich mit der Tür ins Haus:

Warum haben Sie Archäologie studiert?

Meine Eltern hatten ein Haus bei Paestum, da waren wir immer in den Ferien, sie haben mich zu allen Ausgrabungen mitgeschleppt. So hat sich diese Leidenschaft für klassische Archäologie entwickelt.

Aber er sei nicht mit dem Schäufelchen herumgelaufen, habe nichts ausgegraben. Er habe gelesen, »alles über Archäologie und Ausgrabungen. Am Anfang Bücher über die Maya, die Inka, die Azteken, das hat mich fasziniert. Und wie alle Kinder hatte ich eine ägyptische Phase. Schließlich kam ich zur klassischen Archäologie, zur römischen Zeit.«

Trotz des frühen Interesses landete Sirano erst nach einer Reise ums Mittelmeer als Archäologe wieder hier, in Herculaneum. Er studierte Archäologie am Italienischen Institut in Athen, forschte auf Kos in einer Ausgrabungsstätte eines römischen Hauses. »Hierher führte mich also keine gerade Straße, sondern eine Rundreise übers Meer.«

Klassischer hätte er kaum vorgehen können, denn auch in der Antike war das Meer ein Verbindungsweg. Über das viel befahrene Gewässer irrte Odysseus. Und natürlich zeugen die Ursprünge von Neapolis/Neapel davon, von der neuen (griechischen) Stadt. Die Griechen waren zuvor auf Ischia gelandet und westlich des heutigen Neapels in Cuma ans Festland gekommen. Aus diesen Siedlungen, zu denen auch Paestum zählt, erwuchs ab dem 8. Jahrhundert vor Christus die Magna Graecia, Großgriechenland auf italienischem Boden.

Von allen Gestaden des Mittelmeers stammten die Objekte, die in Herculaneum gefunden werden, so Sirano. »Da kamen Datteln aus Afrika, Wein von überall. Und Menschen von überall, wie man heute dank DNA-Untersuchungen weiß. Es war ein großes

Haus, in dem viele leben konnten, aber nach den Regeln der Herrscher.«

Wissenschaftlich ausgegraben wurde hier ab 1924 unter dem immens fleißigen Altertumswissenschaftler und Archäologen Amedeo Maiuri. Nach wegweisenden Ausgrabungen auf Rhodos und auf Kreta wurde er 1924 Direktor des Archäologischen Nationalmuseums in Neapel. Viel Zeit in Innenräumen scheint er nicht verbracht zu haben, er war auf allen archäologischen Stätten in Kampanien präsent, leitete die Ausgrabungen in Pompeji und Herculaneum, forschte in Paestum, untersuchte die Tiberius-Villa auf Capri und entdeckte in Cuma die Höhle der Sibylle. Einen Lehrstuhl in Latein und Griechisch an der Universität Neapel hatte er auch noch inne. Auf seinen Namen stoße ich immer wieder.

Unter Maiuri war in Ercolano ein Gebiet von neun Hektar für die Grabungen enteignet worden, also in der heutigen italienischen Stadt oben auf dem Tuffplateau. Denn die Ausgrabungsstätte unterscheidet sich drastisch von Pompeji. Jenes wurde von der Vesuvasche verschüttet; über Herculaneum hingegen wälzte sich Schlamm hinweg. Alles wurde in diese Masse eingebacken, die im Laufe der Jahrhunderte zu Tuffstein aushärtete. Es sei geradezu ein Wunder, sagt Sirano, »wie Maiuri, als er vor fast hundert Jahren gegraben hat, nicht nur die Häuser fand, sondern in den Häusern auch Möbel unterscheiden konnte. Wo doch alles zu Stein geworden war.«

Was würde man heute anders machen als damals?

Früher hat man eher unterschätzt, welche wichtige Rolle der Zusammenhang spielt, in dem man ein Objekt findet. Es wurde zwar dokumentiert, aber oft ohne präzise Zeichnungen. Auch damals wurde die Archäologie sicher sehr ernst genommen. Man wollte nicht nur ausgraben, sondern auch verstehen; aber die Dokumentation an sich hat riesige Schritte nach vorne gemacht.

Und wo steht die Archäologie in Italien heute?

Wir haben nun auch in Italien eine Generation von wissbegierigen, gut ausgebildeten Archäologen. Die Methoden haben sich unglaublich verfeinert. Heute sehen wir die Archäologie als multidisziplinär, der Archäologe ist der Anführer einer Gruppe von Anthropologen, Physikern, Kunsthistorikern, Biologen. Manchmal finden wir Spuren der großen Geschichte, manchmal Spuren von Alltagsgeschichten wie in Herculaneum.

Wenn man in Kampanien mit dem Spaten in ein Feld sticht, findet man mit ziemlicher Sicherheit irgendetwas Altes – werden Sie immer gerufen?

Wenn öffentliche Bauvorhaben ausgeführt werden, kommt der Denkmalschutz. Bei kleineren Vorhaben in Zonen von archäologischem Interesse oder wenn Privatleute ein Haus bauen, muss ein Archäologe hin. Wir müssen schnell und präzise sein, auch bei diesen Notausgrabungen. Man muss einschätzen, ob weitergebaut werden kann. Aber zuerst muss man beurteilen, was da überhaupt vor einem liegt. Und dokumentieren.

Nur das, was nicht ausgegraben ist, ist also perfekt geschützt …

Ja, sobald wir etwas ans Licht bringen, haben wir die große Verantwortung, es zu erhalten. Es regnet darauf, die Sonne dringt ein, der Atem der Besucher weht auf die Fresken … Man könnte alles verriegeln und versiegeln, dann wäre es geschützt. Aber ich finde, es genügt nicht, Wissen nur in Büchern zu vermitteln. Die Menschen brauchen ein direktes Erleben, und das bekommt man nur hier. Sonst wird so eine Ausgrabungsstätte etwas von der Gesellschaft Abgetrenntes. Das sehe ich als eine große Gefahr, gerade heute, wo die Geisteswissenschaften so wenig beachtet und gefördert werden, weil sie im Alltag als unwichtig erscheinen.

Und wie wird das alles finanziert?

Wir verdanken Hewlett Packard viel, sie betreiben eine philanthropische Stiftung, die sich um viele Objekte kümmert. Sie machen fantastische Arbeit. Sie haben nie einfach nur Geld gegeben, sondern geholfen und begleitet. Und uns vor allem beigebracht, vorauszudenken. Zu Beginn, 2001, wurde die ganze antike Stadt erst einmal gesichert, denn sie war damals in einem prekären Zustand. Unter einem amerikanischen Projektleiter arbeiteten ausschließlich Italiener. Sie wollten von Anfang an lokale Kompetenzen aufbauen.

Worum ging es?

Darum nicht nur zu reagieren, sondern auch vorausschauend zu handeln. Wenn irgendwo ein Stein rausfällt, den nicht nur wieder einsetzen und dauerhaft befestigen, sondern fragen: Warum bröckelt es da? Was müssen wir tun, damit da nichts mehr runterfällt? Packard ist nicht der reiche Onkel aus Amerika, der Geld gibt, sondern er ist viel mehr, er ist ein Begleiter.

Sirano steht auf und geht zum Schreibtisch. Will er etwas zeigen? Einen Bildband, ein Ausgrabungsstück? Nein, Sirano sucht nach einem Taschentuch, er schnäuzt sich verlegen und sagt: »Ich werde total emotional, wenn ich darüber rede. Es berührt mich einfach so, welche Fortschritte wir hier machen konnten.«

Jetzt muss rasch eine leichte Frage her! Also:

Was macht eigentlich der Junge mit dem Falken in Herculaneum?

Tauben lieben die Ausgrabungen. Aber wir lieben die Tauben nicht ganz so sehr, sie haben keinen Respekt vor der Antike. Ihr Guano zerstört viel. So holen wir ab und zu den Falkner, sein Vogel erschreckt die Tauben, damit sie sich nicht zu heimisch fühlen.

Bekommt Herculaneum Geld vom italienischen Staat?

Natürlich! Ercolano ist UNESCO-geschützt, ein wichtiger Ort. Wir finanzieren uns mit Eintrittsgeldern, das sind etwa vier Millionen Euro im Jahr, und mit Geld vom Staat. Dadurch haben wir große Mittel für Investitionen, für Restaurierungen, aber auch für Ausgrabungen. Und zum Schutz. Eine meiner ersten großen Ausgaben war die Videoüberwachung. Vielleicht erinnern Sie sich: 1990 hatten sich Diebe Zugang verschafft. Nachdem sie die Wachposten gefesselt hatten, erbeuteten sie mehr als zweihundertfünfzig wertvolle Artefakte – Juwelen, Münzen und Bronzestatuetten. All die Stücke sind bis heute verschwunden. So geht es nicht. Ich kann nicht Direktor in einem Park sein, der nicht sicher ist.

Ist es vielleicht ein Vorteil, dass Herculaneum weniger besucht wird als Pompeji?

In Pompeji muss man einmal im Leben gewesen sein. Herculaneum hingegen ist eine bewusste Wahl, das sucht man sich raus, um es zu besuchen. Unser Publikum besteht zu achtzig Prozent aus Fremden, aus Franzosen, Engländern, Deutschen. Alle gebildet, meistens Akademikerinnen.

Es ist noch längst nicht alles ausgegraben – packt Sie da nicht eine große Neugier?

Ja klar, Neugierde ist menschlich. Aber alles Zentrale der antiken Stadt liegt unter der modernen Stadt. Das würde ich mal als ein »sehr unwahrscheinliches« Ausgrabungsprojekt bezeichnen. Besser gar nicht drüber nachdenken.

Die wichtigsten Ecken seien ja auch schon durch die »Tunnel der Bourbonen« untersucht worden. Das waren die ersten umfangreichen Ausgrabungen, durchgeführt ab 1748 unter Karl VII. Die verschütteten Städte waren in Vergessenheit geraten, doch damit traten sie wieder ans Licht der Welt. Als Goethe 1787 nach Italien reiste, wusste man bereits wieder von Pompeji. Goethe bestieg den Vesuv, »obgleich bei trübem Wetter und umwölktem Gipfel«. Und schrieb zu Pompeji, es sei viel Unheil in der Welt geschehen, »aber wenig, das den Nachkommen so viel Freude gemacht hätte«. Er spazierte durch die wenigen ausgegrabenen Gassen, wunderte sich über die kleinen Häuser, fand Geschmack an »leichten und geschmackvollen Arabesken«. Er sinnierte über die »Kunst- und Bilderlust eines ganzen Volkes«, die anhand der Ausgrabungen zu ahnen sei. Und er fand ein sehr passendes Bild, um seinen Zeitgenossen den Ausbruch zu verdeutlichen: »Wenn man sich nun dieses Ereignis noch mehr versinnlichen will, so denke man allenfalls ein eingeschneites Bergdorf. Die Räume zwischen den Gebäuden, ja die zerdrückten Gebäude selbst wurden ausgefüllt.«

Mehr oder weniger wisse man also durch diese Tunnel, was da wo liegt. »Wenn wir weitergraben würden, würden wir uns der Möglichkeit berauben, Ercolano so zu besichtigen, wie es die Grand Tour damals gesehen hat.« Besucher können diese Tunnel besichtigen »und genießen zusätzlich zur archäologischen auch eine zeitgeschichtliche Tour«.

Und wenn jemand illegal gräbt?

Davor haben wir weniger Angst. Das Ausgraben ist hier höchst kompliziert, es liegt ja alles wie in Zement gebacken. Man muss sich fünfundzwanzig Meter durch gehärteten Schlamm und Tuffstein arbeiten.

Mir fällt eine Episode aus Velia / Elia ein, einer antiken griechischen Siedlung in der Nähe von Paestum. Da stand in einer *trattoria* eine riesige Amphore. Ich fragte den Besitzer, ob die nicht in ein Museum gehörte? Er antwortete, die sei auf seinem Grund und Boden gefunden worden, »das ist von meinen Vorfahren, also gehört es mir«. Stimmt das? Sirano antwortet, wenn seine Vorfahren die Amphore vor 1908 aus dem Acker gegraben haben, dann gehöre sie ihm womöglich wirklich. Erst da gab es eine Gesetzesänderung.

Und Amphoren gibt es wahrscheinlich wirklich viele?

Ja, darum geht es ja nicht. Wir möchten sie nicht haben, wir möchten es nur wissen. Damit wir es aufschreiben können. Wenigstens hat er sie nicht verkauft. Er soll bitte gut auf sie aufpassen.

Spaziert man durch die Ausgrabungen, durch die untergegangene Stadt, baut sich dahinter mächtig der Vesuv auf, der Gipfel auch gerne in bedrohliche Wolken gehüllt. Der Vesuv ist allgegenwärtig.

Wie lebt es sich unter dem Vulkan, wenn man die Geschichte von Herculaneum kennt?

Wir möchten Besucher dafür sensibilisieren, dass der Vulkan immer noch da ist. Wir versuchen mit der Forschung das Beste aus dieser Tragödie zu machen – es ist damals wirklich eine Tragödie passiert. Dank der Ausgrabungen von Ercolano können wir die Resilienz dieser Gegend belegen. Denn trotz alldem haben wir überlebt.

Dringt diese stete Gefahr in die Psyche ein?

Aber sicher! Neapolitaner sagen oft: Heute Nacht habe ich wieder geträumt, dass der Vesuv ausbricht. Man kann sich einfach nicht täglich damit beschäftigen, aber vorbereitet muss man sein. Wenn nicht, dann endet man wie die *ercolanesi.* Und damals lebten sehr viel weniger Menschen hier. Wir reden heute von über dreihunderttausend Einwohnern in der direkten Zone. Es besteht eine reale Gefahr. Und doch: Man lebt zusammen mit dem Vulkan, fast wie mit einem Freund. Man ist daran gewöhnt, den Vesuv anzusehen. Immer. Wo geht die Sonne auf? Wo ist der Vulkan? – So orientieren wir uns.

Genießt man das Leben noch mehr, weil man nicht weiß, ob es ein Morgen noch gibt?

Ja, wir hier haben schon eine philosophische Art, das Leben zu betrachten. Wir sind lebhaft, genießen es, am Leben zu sein. Vielleicht ist das dem Vulkan geschuldet. Auch die Geschmäcker sind hier anders. Ich habe in Rom gelebt, da gab es auf dem Markt natürlich gutes Obst und Gemüse – aber es hatte nicht den Geschmack von hier. Die Fische auch nicht!

Die Fische?

Ja, die Fische. Ein Neapolitaner erkennt sofort, ob es ein Fisch aus dem Golf ist oder aus der Adria. Auch wenn Sie mir das jetzt nicht glauben wollen.

Vulkanisches II: Pozzuoli

Der unbekannte Supervulkan

»Die Piscina mirabilis müsste weltberühmt sein«, sagt Maria Caputi, »aber wer hat je von ihr gehört?« Ich habe dank Marias Hilfe den Weg zu der magischen Unterwelt westlich von Neapel gefunden.

Was für eine Entdeckung! Wasser tropft von der Decke, es ist kühl, Moos sprießt, rote und grüne Flechten schimmern im Dämmerlicht an den achtundvierzig Säulen. Die Piscina mirabilis war das größte unterirdische Wasserreservoir der Römer. Der Dichter Petrarca gab dem Reservoir seinen poetischen Namen; um 30 vor Christus gebaut, versorgte es die römische Flotte mit Trinkwasser. Es ist siebzig Meter lang, gut fünfundzwanzig Meter breit und fünfzehn Meter hoch, fasste zwölftausendsechshundert Kubikmeter. Gespeist wurde es durch den Serino-Aquädukt von einer Quelle am Vesuv.

An diesem Sonntag steht zwischen den moosigen Säulen eine Schulklasse, ambitionierte Schülerinnen und Schüler möchten dem Gast unbedingt erklären, was hier zu sehen ist. Das ist freundlich, nur reden sie ganz aufgeregt sehr schnell sehr neapolitanisch, und ich verstehe kaum etwas. Aber ich habe ja Maria dabei.

Die Architektin Caputi, Anfang fünfzig, meint: »Die Deutschen, ja die finden es. Es mag August sein, brüllende Hitze, aber sie gehen mittags zu Fuß hin.

Aber die wenigsten anderen Touristen kommen bis hierher.« Dabei ist das historische Wasserreservoir das zweitgrößte nach der weltberühmten Cisterna Basilica (Türkisch: Yerebatan Sarnıcı) in Istanbul, die aber erst fünfhundert Jahre später gebaut wurde.

Damit sich das endlich ändert, damit alle Welt davon erfährt, hat Maria mit ihrer Schwester und einer Freundin zusammen die Tourismusagentur La Terra dei Miti gegründet. Mit »Erde der Mythen« möchten sie die Sehenswürdigkeiten westlich Neapels bekannter machen, »die Touristen an die Hand nehmen, ihnen Ratschläge geben«. Die Touren kann man im Internet buchen.

Westlich von Neapel liegen die Phlegräischen Felder, der größte Vulkan Italiens – man sieht ihn nur nicht. Dabei ist er ein sogenannter Supervulkan, ziemlich gefährlich also. Mit beiden Beinen fest auf der Erde zu stehen – das heiße hier gar nichts. Diesen Satz hört man oft. Denn die Erde ist hier kein verlässlicher Grund; auch wenn die Gegend dicht besiedelt ist. Wacht man morgens im Hotel auf oder geht man nachmittags spazieren, immer liegt ein Schwefelduft über dem Land. Die vulkanische Tätigkeit der Phlegräischen Felder wird Bradyseismos genannt. Die gesamte Küstenregion hebt und senkt sich, ein langsames Erdbeben, als würde die Erde atmen. Faszinierend und beängstigend zugleich, denn wann der Supervulkan wieder explodiert, kann niemand sagen.

Maria und ihre Schwester, die Designerin Carolina Caputi, und die Unternehmensberaterin Rossella Fresa wollten sich einfach nicht damit abfinden, dass Neapelurlauber auf die Inseln Capri und Ischia fahren, den Vesuv besteigen, die Ausgrabungen von Pompeji und Herculaneum besuchen – aber nicht in ihre Heimat kommen. »Historisch, kulturell, archäologisch und landschaftlich interessant« sei es, so Maria. Sie arbeiten mit Reiseleitern der Phlegräischen Felder zusammen, »damit unser Engagement positive wirtschaftliche Auswirkungen auf alle hat«.

Jeder der drei Frauen liegt ein Ort besonders am Herzen. Für Carolina ist dies eben die Piscina mirabilis. Das »wunderbare Becken« diente zur Versorgung der stärksten römischen Kriegsflotte, deren Stützpunkt bis 330 nach Christus Misenum war. Jener Ort, in dem Plinius der Ältere lebte und von wo aus er zu seiner verhängnisvollen Fahrt zum Vesuv aufbrach, damals, im Jahr 79 nach Christus. Das Becken ist teilweise gemauert, teilweise in den Tuff gegraben und war wasserdicht verputzt, allerdings wurden in späteren Jahrhunderten Teile dieses Putzes abgekratzt. Was konnte man nur mit diesem Putz anfangen? Schießpulver konnte man daraus herstellen. Aus dem feuchten Niederschlag bildete sich Kalksalpeter, daraus kann man Düngemittel gewinnen, aber eben auch explosives Material.

Die düstere Unterwelt eignet sich vorzüglich als Location für einen Thriller – und siehe da: Das Wasserreservoir und die Wasserversorgung des Golfes von Neapel spielen eine zentrale Rolle in dem spannenden, durchaus lehrreichen Roman »Pompeji« von Robert Harris.

Marias Lieblingsort hingegen ist Cuma, um 740 vor Christus von griechischen Kolonisten aus Chalkis und Eretria gegründet, die erste griechische Polis des Westens, von der aus sich die Magna Graecia auf der italienischen Halbinsel ausbreitete. In Cuma sind auf einem Tufffelsen im Parco Archeologico Überreste von Zeustempel, Apollotempel, Akropolis und vor allem der Grotte der Sibylle von Cuma zu besichtigen, diese Höhle sei, findet Maria »mit all ihren literarischen, aber auch mysteriösen und magischen Erinnerungen« eine der eindrucksvollsten Stätten der Welt. Von hier aus soll die Sibylle ihre Wahrsagungen verkündet haben.

Rossella Fresa hingegen zieht es auch in die Unterwelt, aber zum unterirdischen archäologischen Pfad der Rione Terra, der Altstadt von Pozzuoli. Im Hauptort der Phlegräischen Felder sind die Auswirkungen des Bradyseismos besonders deutlich. Diese Erdbewegungen entstehen, wenn sich die unterirdischen Magmakammern füllen und leeren. Es raucht und faucht, am spektakulärsten ist das bis heute in der Solfatara in Pozzuoli zu sehen; für Vulkanologen das Paradies auf Erden. Doch seit 2017 kann dieser ebenerdige Vulkankrater nicht mehr betreten werden, es kam zu tödlichen Unfällen mit giftigen Dämpfen auf dem Gebiet. In den Achtzigern hob und senkte sich der Grund in Pozzuoli um bis zu eineinhalb Meter. Seit dieser Zeit ist die Rione Terra, die Altstadt, verwaist, mehr als dreißigtausend Bewohner wurden umgesiedelt, auch mithilfe des Militärs, da nicht alle freiwillig gehen wollten.

Nun ist alles propper renoviert, eine historische Altstadt – schick, aber ausgestorben. Hotels und Läden sollen einziehen, aber alles wirkt wie ein Freilichtmuseum, das am Wochenende besucht werden kann. Bewohner werden nicht mehr einziehen, zu eng, keine Fluchtwege bei Gefahr, heißt es. In der Altstadt sind die Pflastersteine mit blauer Farbe nummeriert – sie wurden alle wegen Ausgrabungen beiseitegelegt und an derselben Stelle wieder eingefügt.

Faszinierend ist der Besuch allemal, eine Stadt wie ein Blätterteig, wie die *sfogliatella,* Schicht auf Schicht. Nach einer Tour in die römische Unterwelt kommt man in der mittelalterlichen Altstadt ans Tageslicht. Natürlich muss hier, in Roms wichtigster Hafenstadt, irgendwo ein bedeutender Tempel gestanden sein, aber wo? Die Archäologen fanden nichts, dabei stand er vor ihrer Nase, nur gut getarnt. Erst als 1964 die Basilika San Procolo brannte, der Dachstuhl einstürzte und man die Trümmer beiseitegeräumt hatte, stand man mitten im Apollotempel. Im 5. Jahrhundert war daraus eine erste Kirche geworden, und als im 16. Jahrhundert die Jesuiten nach Neapel kamen, holten sie die berühmtesten Künstler. Barock war angesagt, das wollte man auch haben. Ungewöhnlich für die Zeit wurden jedoch die antiken Säulen nicht zerstört, sondern hinter Barockverschalungen versteckt. Damit wagte der Bischof viel. Kurz zuvor war ein Kollege von ihm wegen Häresie verurteilt worden. Sein Vergehen: Er hatte eine antike Statue vor der Zerstörung schützen wollen. Und damit nicht genug: In der Kathedrale hängen auch noch drei Gemälde von Artemisia Gentileschi. Dabei durften Frauen ihre Bilder damals weder signieren noch in eine Kirche hängen.

Gentileschi wurde 1593 in Rom geboren, ihr Vater war Maler, er erkannte und förderte ihr Talent – und focht für sie einen für die damalige Zeit höchst ungewöhnlichen Rechtsstreit aus. Nachdem ein Malerkollege die junge Frau vergewaltigt hatte, zeigte er diesen an. Die Verhandlung war grausam und entwürdigend für die Tochter, doch der Mann wurde schließlich zu einer Haftstrafe verurteilt. Artemisia ging nach Florenz, malte und wurde in die Accademia delle Arti del Disegno aufgenommen, als erste Frau überhaupt. In Florenz bekam sie Aufträge von den Medici, da entstand ihr bekanntestes Bild »Judith enthauptet Holofernes«, das heute in Neapel im Museo Capodimonte hängt. Ein ungewöhnlich brutales Bild, manche sehen darin eine Aufarbeitung der Schmach, die die Malerin erleiden musste. 1630 zog Artemisia Gentileschi nach Neapel, damals eine kulturell ungemein wichtige Stadt, dreimal so groß wie Rom. In der Kirche in Pozzuoli hängt nun wieder »Die Anbetung der Könige«. Auf diesem Gemälde, wie auf drei anderen in der Kirche, fällt das flammende Rot einiger Gewänder auf. »Rot der Artemisia« werde es genannt, erklärt die kompetente Führerin der Tour, Ausdruck der Erfahrungen der Malerin. Gemälde sowie einige andere wertvolle Stücke sind erst seit einigen Jahren wieder hier zu sehen, erklärt Maria. Bis 2003 war alles zu und verlassen, »da wurde viel geklaut, Altare, Marmor, Bilder«. Einiges wurde in den letzten Jahren wieder gefunden, »in Villen von Camorra-Bossen, die konfisziert worden waren«.

Kulturelle Reichtümer, davon kann man in den Campi Flegrei jede Menge finden. »Aber« – sagt Maria – »hier gibt es auch ausgezeichnete Weine!« Sie organisieren auch Touren zu Weinkellern, und so endet der Ausflug am Lago d'Averno bei Pozzuoli. See ohne Vögel hieß dieser auf Griechisch, denn damals stiegen giftige Dämpfe auf, in Vergils »Aeneis« ist der Averner See ein Eingang in die

Unterwelt. Eingang zur Hölle? Vögel, die tot vom Himmel fallen? Nichts dergleichen. Stunde des Aperitifs im Agriturismo Cantine dell'Averno. Nicola Mirabella betreibt das Weingut auf den steil ansteigenden Terrassen des Kratersees. Er breitet ein rot kariertes Tischtuch aus. Reicht zu einer salzigen Torte Falanghina-Weißwein, den tranken schon die Römer, »die Reblaus mochte diese Weinstöcke nicht, auch nicht den Piedirosso, denen schmeckt wohl das Vulkanische nicht«, sagt der Weinbauer.

Der letzte größere Ausbruch im Jahr 1538 schuf hier einen neuen Berg – den Monte Nuovo –, so wurde der Vulkankratersee vom Meer abgeschnitten. Am Rande der Terrassen steht mal wieder eine römische Ruine, eine riesige Therme, fast so groß wie das Pantheon, allerdings ziemlich verfallen. Mirabella erzählt, dass vor zwanzig Jahren die terrassierten Hänge stabilisiert werden mussten. »Dafür brauchte es immens viel Bürokratie, wir mussten jede Menge Anträge stellen, schließlich wurde es genehmigt, aber die ganze Zeit war jemand von der Kulturaufsicht dabei. Damit wir nicht etwas finden in der Erde und dann behalten …« Denn für Sesterzen, die Goldmünzen der Römer, gebe es auf dem Schwarzmarkt »schon mal eine Million Euro«. Klar, das sei ja alles richtig und gut und solle auch so sein. »Aber wenn es so wichtig ist«, sagt der Weinbauer, »warum lässt man dann so ein wichtiges Monument verfallen? Wir hätten nichts dagegen, wenn es bekannter würde und mehr Leute kämen.«

Auf dem See baden nun sogar Vögel. Die thermischen Aktivitäten sind wohl nicht mehr so stark. Anders als in den Achtzigern, »wir hatten sechshundert Erdstöße am Tag!«, weiß Mirabella. Im Jahr 2012 wurden starke unterirdische Aktivitäten gemessen. Der Zivilschutz erhöhte daraufhin die Warnstufe. Und wie lebt man damit? »Die Erde tanzt«, sagt man in den Phlegräischen Feldern lakonisch.

Maria schaut sinnierend auf den See – und freut sich. Gerade ist ihr erster Roman erschienen, eine historische Geschichte – die natürlich in den Campi Flegrei spielt. Sie arbeiten nun auch mit Schulklassen zusammen, »wir wollen schon bei den Kindern das Bewusstsein dafür schärfen, wie einzigartig unser UNESCO-Weltkulturerbe ist«. Besonders freut sie sich, dass La Terra dei Miti nun die Verwaltung von Macellum, dem alten Lebensmittelmarkt von Pozzuoli übernimmt. Zur Eröffnung gab es ein echt italienisches Spektakel mit Laser und bombastischer Musik. Im Macellum ragen in einer Höhe von drei bis sechs Metern über dem Marktplatz Säulen in die Luft – und sie offenbaren einen weiteren Beweis des eigenartigen Bradyseismos: In den Marmorsäulen findet man Wohnröhren von Bohrmuscheln und Bohrschwämmen. Das bedeutet: Die Säulen müssen einmal unterhalb des Meeresspiegels gestanden haben. Somit hat sich der Marktplatz seit römischer Zeit ins Meer abgesenkt und später wieder gehoben.

Wie das unter Wasser ausgesehen haben mag, kann man bis heute erkunden: In die Umgebung von Pozzuoli führen Tauchgänge in eine versunkene römische Stadt. Zwischen Mosaiken, Statuen und Mauerresten schwimmen bunte Fische umher. Wer weiß, wie lange noch. Irgendwann wird die schwer atmende Erde der Campi Flegrei wohl auch diese Ruinen wieder ans Tageslicht heben.

Gabel für den Adel

Streetfood von pasta bis pizza

»Se non è vero, è ben trovato« – und wenn es nicht wahr ist, so ist es doch gut erfunden. Das ist eine der sympathischsten Redewendungen in Italien. Belegt der Satz doch die Freude an einer guten Geschichte, und wenn die Pointe sitzt – nun ja, dann muss der Hintergrund nicht unbedingt so ganz der Wahrheit entsprechen. Das trifft auch auf einige Legenden zu, die mit neapolitanischem Essen zu tun haben. Kennen Sie zum Beispiel die Geschichte mit der *Pizza Margherita?* Ganz sicher, denn in Neapel wird sie Ihnen an jeder Straßenecke erzählt, an der es *pizza* gibt. Die Legende besagt, die *pizza* trage ihren Namen nach der Königin Margherita, und so habe es sich zugetragen:

Die italienische Königin Margherita und König Umberto I. besuchten 1889 Neapel. Dass man dort Teigfladen mit Belag aß, davon hatte man sogar in Turin schon gehört, der Hauptstadt Italiens nach der Vereinigung von 1861. Die Regentin wünschte, das zu speisen. So wurde der *pizzaiolo* Raffaele Esposito von der Pizzeria Brandi in den Palast eingeladen und dort eigens ein Pizzaofen gebaut. Esposito eilte in den Palazzo Reale di Capodimonte und belegte einen Teigfladen dem Anlass entsprechend patriotisch mit Zutaten in den italienischen Nationalfarben: grünes Basilikum, weißer *mozzarella* und rote Tomaten. Und taufte das Gericht *Pizza Margherita*. Der Königin schmeckte diese *pizza* so gut, dass sie dem *pizzaiolo* einen Dankesbrief geschrieben hat. Nun wollten alle »die *pizza* der Königin Margherita«.

Klingt wunderbar, ein bisschen märchenhaft auch. Sie ahnen es, ganz so hat es sich nicht zugetragen. Die Königin hatte sich bereits vorher von anderen Bäckern *pizza* in den Palast bringen lassen. Aus einer langen Liste wählte sie acht verschiedene *pizze*, die schließlich für sie gebacken wurden. Jedoch nicht von Esposito. Aber: Raffaele Esposito war der Einzige, der die Empfangsbestätigung des Hofes aufbewahrt hatte und seine Lieferdienste belegen konnte. Daraus kann man zweierlei lernen. Erstens: Die Wahrheit ist oft langweiliger als jede Legende. Zweitens: Immer schön alle Belege aufheben.

Hier bietet sich ein kurzer Exkurs zum Namen Esposito an, den Sie in Neapel oft hören werden. Esposito bedeutet »ausgesetzt«, und das ist nun leider keine Legende. Diesen Nachnamen bekamen Kinder, die ausgesetzt worden waren. An einigen Klöstern konnten Neugeborene ungesehen in eine sogenannte *ruota degli esposti* gelegt werden. Das »Rad der Ausgesetzten« war eine Vorrichtung in der Mauer mit einer drehbaren Tonne aus Holz, also eine Art frühe Babyklappe.

Zurück zu *pizza* und *pasta*. Streetfood verköstigte in Neapel schon die Massen, als an Currywurst und Cheeseburger noch niemand dachte. Etwas auf die Hand bekommen Sie in Neapel, vor allem in der Altstadt, überall. Die Frage ist nur: Wie isst man das?

Fangen wir mit der süßen Zwischenmahlzeit an. Bei einer der zahlreichen Schokoladeneissorten von Gay-Odin gibt es nur die Devise: schnell schlecken. Sonst läuft Ihnen in der Hitze alles davon. Vielleicht lockt Sie aber eher ein *Pasticceria*-Stand am Eingang zur prächtigen Einkaufspassage der Galleria Umberto I. Dort werden die besten – und klebrigsten – *sfogliatelle* der Stadt verkauft. Und natürlich behauptet Neapel, das Blätterteiggebäck sei in der Stadt erfunden worden. Ein Wirt aus der Via Toledo sei Anfang des 19. Jahrhunderts auf ein Rezept der Römer, vielleicht sogar der Griechen gestoßen, das habe in einem neapolitanischen Kloster geschlummert. Er nannte das süße Blätterteigding *sfogliatella*, füllte es mit Ricotta und es verkaufte sich gut.

Das wollte nun die Amalfiküste nicht durchgehen lassen. Denn ihrer Meinung nach buken Nonnen im Kloster Santa Rosa in Conca dei Marini zuerst das Gebäck mit süßer Füllung. Die amalfitanische Variante wurde berühmt als *santarosa* und wurde in Neapel nur umbenannt, sagen die Amalfitaner. Das wiederum würden Neapolitaner – verschmitzt zugeben. Die *sfogliatelle* jedenfalls sind heiß, fettig, süß und schmecken grandios. Danach werden Sie sich ziemlich mit Puderzucker eingestäubt haben, aber das war erst der Auftakt.

Falls Sie nach diesem Kalorienschub irgendwann wieder Hunger haben sollten, ist es wirklich Zeit für eine *pizza*. In den renommierten *pizzerie* bekommen Sie ohne Reservierung keinen Platz. Etwa bei Da Michele: *Pizza* wird da seit 1870 gebacken, doch seit Julia Roberts in »Eat, Pray, Love« hier einkehrte, stehen die Leute Schlange.

Aber hier geht es ja ohnehin um Streetfood, um die *pizza a portafoglio*. Über einen Tresen bekommt man die *pizza* zusammengeklappt in einer Art Löschpapier. Darin versickert der *mozzarella*, das Öl, alles suppt, heiß ist es zudem, man muss warten, bis man reinbeißen kann, und so verbindet sich alles zu einem feuchten Paket in der Hand. Aber köstlich.

Die Steigerung davon heißt *pizza fritta*. Da wird tatsächlich eine *pizza* zusammengeklappt und in die Fritteuse geworfen. Manchmal schmeckt das genau so, wie man es sich vorstellt. Es geht aber auch in schmackhaft, das habe ich bei Isabella de Cham erschmeckt. Die junge Frau ist die Chefin einer *pizzeria* im Viertel Sanità, das ist an sich schon ungewöhnlich. Zudem hat sie nur Frauen eingestellt. De Cham arbeitete vorher in anderen *pizzerie*. »Dann wolltest du selber der *capo* sein?«, frage ich. Schwerer Fauxpas. »Nein!« Fast schimpft sie. »Der *capo* ist in Neapel derjenige, der sagt, wo es lang geht. Ich wollte ein eigenes Lokal, in dem man zusammen arbeitet. Mir geht es ums Team.«

Pizza gilt nun als Nationalgericht, wird mit ganz Italien in Verbindung gebracht, aber für Neapolitaner ist selbstverständlich nur die *Pizza Napoletana* die einzig wahre. Seit 1984 überwacht die Associazione Verace Pizza Napoletana die traditionelle Herstellungsweise und die Verwendung der korrekten Zutaten für die echte *pizza*. Es geht aber noch bürokratischer: Seit 2005 ist die *Pizza Napoletana* als Warenzeichen innerhalb der Europäischen Union eingetragen, verwendet werden dürfen nur: Weichweizenmehl, Bierhefe, natürliches Trinkwasser, geschälte Tomaten und / oder kleine Kirschtomaten,

Meersalz oder Kochsalz, extra-natives Olivenöl; zudem Knoblauch und Oregano, frisches Basilikum und *mozzarella di bufala campana*. Das Backen erfolgt ausschließlich in Holzöfen, in denen vierhundertfünfundachtzig Grad Celsius erreicht werden. Gebacken werden darf die *pizza* nicht länger als sechzig bis neunzig Sekunden. Geregelt wird das hochoffiziell mit der italienischen Norm UNI 10791:98 und der EU-Verordnung 97/2010. Hohe Kunst – ja genau. Das hat auch die UNESCO eingesehen; 2017 wurde die neapolitanische Kunst des *Pizza*-Backens in die repräsentative Liste des immateriellen Weltkulturerbe aufgenommen.

Auf ihre Reise rund um den Globus ging die *pizza*, als italienische Auswanderer sie Ende des 19. Jahrhunderts in den USA populär machten. In Europa wurde *pizza* nach dem Zweiten Weltkrieg bekannt, wie auch Basilikum, Zucchini und natürlich *pasta* – alles, was die Gastarbeiter im Gepäck hatten, um wenigstens beim Essen ein Gefühl von Zuhause zu haben. Und so hießen dann in vielen Städten die ersten Pizzerien: Bella Napoli.

Wie auch für die *pizza* ist für die *pasta* die wichtigste Zutat: die Tomate. Ab dem 18. Jahrhundert wurden die »Goldäpfel« – *pomodori* – in Sizilien vermehrt angebaut. Sie sind der zentrale Belag auf der *pizza* und die Grundlage fast jeden *sugos*. Das aber war früher anders: Zumeist wurden Nudeln so trocken gegessen wie ein Stück Brot. So beobachtete es Goethe 1787. Als »ein zarter, stark durchgearbeiteter, gekochter, in gewisse Gestalten gepresster Teig von feinem Mehle«, so hat Goethe das Fastfood der Neapolitaner beschrieben. Die *maccheroni* würden »meist nur in Wasser abgekocht, und der geriebene Käse schmälzt und würzt zugleich die Schüssel«. Perplex zeigte er sich von dem großen Angebot an Essen in Neapel: »Fast an der Ecke jeder großen Straße sind die Backwerksverfertiger mit den Pfannen voll siedenden Öls damit beschäftigt, Fische und Backwerk einem jeden nach Verlangen sogleich zu bereiten.« Viele Tausend Menschen trügen ihr Mittag- und Abendessen »von da auf einem Stückchen Papier davon«.

Auch wenn es in Neapel Tradition ist, auf der Straße zu essen – angesehen war das nicht gut; so aßen bloß *lazzaroni* und *scugnizzi*. *Lazzaroni* waren Unbehauste, Obdachlose, sie werden zwar romantisiert, aber sie schlossen sich zu Banden zusammen, die man als Urkern der Camorra ansehen kann. *Scugnizzi* hingegen sind Straßenkinder, einer spielt eine wichtige Rolle in dem Film »Paisà« von Roberto Rossellini, einem Klassiker des Neorealismus der direkten Nachkriegszeit.

Man lebte von der Hand in den Mund – das war wörtlich zu nehmen. Besteck gab es nicht, die *maccheroni* – was ursprünglich als Gattungsbegriff für alle Nudeln stand – waren ein Armeleuteessen, und man aß es so: Man packte mit Daumen und zwei Fingern einen Schwung Nudeln, legte den Kopf in den Nacken und ließ sie in den Mund flutschen.

Nudelessende Menschen sind Ikonen der italienischen Filmgeschichte. So penibel mit der Gabel am Tellerrand gedreht, wie das versierte deutsche Besucher machen, geht es dabei kaum zu. Totò (1898–1967), der berühmte neapolitanische Schauspieler, hob die Gabel kaum vom Teller hoch, um sich gewaltige Portionen einzuverleiben. Sophia Loren hingegen schwang stilvoll die Gabel hoch über den Teller.

Die Gabel aber – gab es erst spät. Im traditionellen Ristorante Europeo Mattozzi am Corso Umberto I hängen alte Fotos. Seit 1852 ist die Familie im Restaurantgeschäft, man sieht noch Werbung für *colazione alla forchetta*, Gabelfrühstück also. Die Massen aber aßen die Nudeln mit der Hand. »Gabeln wurden für den Adel eingeführt, weil die sich absetzen und feiner essen wollten.« Streetfood ist also im Grunde ein Rückschritt. Dabei hätte es schon lange Gabeln gegeben. Aber sie waren Teufelszeug, des Dreizacks wegen. Und zu elitär. Hildegard von Bingen verbot in ihren Klöstern den Gebrauch der dekadenten Dinger, Luther sagte 1518: »Gott behüte mich vor Gäbelchen.«

Abend, Hunger. Ich gehe in eine einfache Nachbarschafts-*Pizzeria* in der Nähe des Bahnhofs. Wird man hier eine respektable *pizza* bekommen? Immerhin besteht das winzige Lokal zum Großteil aus einem Pizzaofen. An der grau gefliesten Wand hängt ein Kreuz aus Messing, draußen liegen auf den Tischen blau-weiß-gelb karierte Papiertischtücher. Das Peroni bekomme ich im weißen Plastikbecher. Ich bestelle verwegen eine *Pizza Friarielli Salsiccia. Friarielli* kenne ich wirklich nur aus Neapel, man sieht die Kisten mit den fluffigen grünen Blättern und winzigen Blüten auf den Straßenmärkten oder beim *fruttivendolo*, beim Obstverkäufer. Es ist Steckrübenkohl, das aber klingt zu banal, zu Wintergemüse-ähnlich weich gekocht. Die *friarielli* werden kurz in der Pfanne angebraten, dazu wirft man die neapolitanischen würzigen Würste. Oder eben alles zusammen auf die *pizza*.

Während ich im Straßenlärm und in gelbem Licht warte, blicke ich mich um. Schräg hinter mir sitzt ein deutsches Ehepaar. Ich höre ein paar Sätze. Jetzt liest sie auf einem Tablet, er löst Kreuzworträtsel. Man hört keine Silbe. Ich drehe mich immer mal um, ob sie noch da sind. Für Italiener wären die stummen beiden das Sinnbild einer Ehekrise. Sie wirken aber entspannt. Am Nachbartisch sitzen drei arabisch sprechende Männer. Sie bestellen ihr Essen, indem sie auf Fotos auf dem Smartphone zeigen. Der Kellner bedient sie geduldig und freundlich. Wir sind hier in Bahnhofsnähe, das Klima ist eher rau – aber ich fühle mich pudelwohl Und die *pizza* schmeckt ganz ordentlich.

Der Lockdown in Neapel

Künstlerinnen erzählen von der harten Zeit

»Wir wollten den italienischen Rechten und den Rassisten ein NEIN entgegenrufen«, sagt Gabriella Rinaldi. Deshalb trat sie zusammen mit drei Freundinnen am 25. April 2020 an die Öffentlichkeit. Sozusagen, denn an diesem Tag herrschte in Italien der strenge Lockdown, und so verabredeten sich die vier Künstlerinnen im Internet, um gemeinsam »Bella Ciao« zu singen. Am 25. April, dem »Tag der Befreiung Italiens«, wird des Endes des Faschismus und der deutschen Besatzung gedacht. An diesem Tag ebneten 1945 Partisanen in der Poebene den Alliierten den Weg. An keinem anderen Tag im Jahr hört man die Hymne des Widerstands so oft.

Die Frauen – allesamt Künstlerinnen – kennen einander zum Teil seit Jahrzehnten, sie haben das Künstlerinnenkollektiv Essenze gegründet, sind gemeinsam auf der Bühne gestanden. Ich habe drei von ihnen gebeten, mir per E-Mail von ihren Erfahrungen des Lockdowns in Neapel zu berichten. Hier ihre Erzählungen.

Anna Mazza, Autorin und Schauspielerin

Der Lockdown begann am 9. März 2020 und dauerte bis Anfang Mai. Aber einige Vorsichtsmaßnahmen sind auch heute noch Teil unseres Lebens.

Der Alltag war von Warteschlangen geprägt.

Zu den guten Erfahrungen zählten die sogenannten *panieri*, »Körbe der Solidarität«. Die standen in den Lebensmittelläden, und das Motto hieß: »Wer etwas hat, gibt es rein, wer nichts hat, nimmt sich«. Im Grunde die Fortsetzung des *caffè sospeso*, man nannte es *spesa sospesa*. Ja, es gab viele Gesten der Solidarität, wahre und echte Solidarität. Aber ich bin mir nicht sicher, ob wir als bessere Menschen aus der Krise hervorgegangen sind.

Der Zeit etwas Positives abzugewinnen, war nicht so einfach. Zuerst erschien es wie eine Verzerrung, eine erweiterte Zeit in einem komprimierten Raum. Sich daran zu gewöhnen, um es dann konstruktiv zu nutzen, hat Zeit und Energie gebraucht. Aber ich möchte mich nicht zu sehr beschweren. Es gibt Menschen, denen es wirklich schlecht erging, oder die ihr Leben verloren haben. Mich jetzt darüber zu beschweren, wie ich in dieser Zeit gelebt habe, scheint mir ein Mangel an Respekt zu sein.

Die Einsamkeit hat mich nicht wirklich erschreckt. Für mich war es wichtig zu wissen, dass es den Menschen, die ich liebe, gut geht. Aber das wirklich Schwierige war die totale Unsicherheit darüber, was die Zukunft betrifft.

Am Ende habe ich mich am meisten darauf gefreut, Freunde zu treffen, meine Mutter wiederzusehen. Zu ihr bin ich sofort gefahren, als es wieder ging. Und ich habe versucht, die Dinge zu tun, die ich normalerweise tat – und für selbstverständlich gehalten hatte.

Ob und wie sich Neapel verändert hat, ist schwer zu sagen. Natürlich schon, wie ganz Italien. Neapel war die Stadt des Solidaritätskorbs, dessen

Fotos um die Welt gingen. Einige haben gemeint, sie müssten dies mal wieder mit der Camorra in Verbindung bringen. Nein, die Wahrheit ist, dass es in Neapel wirklich großzügige Menschen gibt, genauso wie es eben Kriminelle gibt. Neapel hat Stärken und Schwächen, es wäre dumm, dies zu leugnen. Man muss Neapel umfassend darstellen, aber oft gibt man entweder vor, seine Mängel nicht zu sehen, oder man sieht nur diese. Und so sterben die Klischees über diese Stadt nie aus. Nicht einmal Covid killt sie.

Gabriella Rinaldi, Sängerin und Komponistin

Das »Bella-Ciao«-Video zu produzieren, war richtig viel Arbeit. Wir haben dafür mit jeder Plattform experimentiert, um sowohl in Echtzeit zu interagieren als auch Ensemble-Performances nachzubearbeiten.

Mein Mann Max Carola, der Musiker, Arrangeur und Toningenieur ist, hat uns sehr geholfen und es geschafft, die technischen Aspekte zu koordinieren. Am Ende waren wir zufrieden mit »Bella Ciao«, es hatte die Intensität, die wir ausdrücken wollten.

Über die Zeit des Lockdowns kann ich mich nicht beschweren, mein Haus in Neapel ist wunderschön, geräumig, mit einem tollen Blick. Ich war mit meinem Mann und meiner Mutter zusammen und konnte die ganze Zeit arbeiten. Meine Schwester hat einige Probleme, sie lebt in einem Pflegeheim in Meta di Sorrento, und zum Glück ging es ihr gut. Das reichte, um mich gelassen zu fühlen.

Ich habe fast nicht darunter gelitten, nicht ausgehen zu können, ich mag es, zu Hause zu bleiben, zu arbeiten, zu lesen, zu studieren, im Grunde mag ich keine Menschenmassen und tatsächlich bin ich in den zwei Monaten nur sechsmal rausgegangen. Im Übrigen habe ich mich den Menschen erstaunlicherweise sogar näher gefühlt, zumindest emotional. Ich hoffte so sehr, dass die Menschlichkeit neu erwacht. Ich mochte die Idee, dass die Natur ein wenig durchatmen konnte, das war eine völlig neue Erfahrung: Die Stille auf der Straße, die Luft der Stadt war endlich sauber.

Ich stürzte mich kopfüber in die Arbeit, machte und schrieb Musik, machte Filme, experimentierte mit Video-, Foto- und Schnittprogrammen: Mein neues Stück war mein Mantra, meine Heilung, und meine Freundinnen von Essenze machten mit. Die Entstehung von »Amor y Vida« war die Welt, in die ich mich monatelang geflüchtet habe, zuerst das Lied, dann das Video, es war nicht einfach, aber es hat mich glücklich und stolz gemacht!

Diese ganze Covid-Erfahrung schien seltsamerweise emotional nicht schwieriger als viele andere Momente in meinem Leben; sicherlich, weil es meiner Schwester und meinen Lieben gut ging.

Natürlich haben mich die vielen Kranken, das Unbekannte der Zukunft bedrückt. Und ich war unsicher, wie ich mich verhalten soll, um meine Eltern vor Ansteckung zu schützen. Ich habe einige grundlegende medizinische Kenntnisse und ich habe jedes WHO-Bulletin und jeden medizinischen Artikel gelesen, manchmal fast manisch. Aber ich habe immer versucht, den Faden der Hoffnung nicht zu verlieren, habe mir vergeben, wann immer ich das zwischen schlaflosen Nächten und ein paar Angstattacken konnte. Ich habe mich bevorzugt vom Schicksal gefühlt, ich habe keine Freunde verloren, in einigen Fällen habe ich welche wiedergefunden und die Musik war wieder meine Lebensader.

Doch der Übergang zu Phase 2 war schwieriger. Auf die Wiedereröffnung reagierte ich mit einiger Bestürzung. Es schien mir ein verrücktes Risiko. Mit Gesundheit spaßt man nicht! Und wenn Sie wie ich wegen meiner Schwester ein Leben lang in Krankenhäusern unter verschiedenen Damoklesschwertern verbracht haben, möchten Sie auf keinen Fall ausgehen, wie ein Idiot trinken oder riskieren, Covid zu bekommen.

Die Stadt war immer noch verlassen und wunderschön, und ich habe meinen Frieden damit geschlossen und mit der Anpassung an die neue Ordnung der Dinge begonnen. Ich stellte fest, dass für viele meiner Musiker- und Künstlerfreunde der Lockdown eher eine fruchtbare Zeit war. Gleichzeitig flippten viele von uns ein wenig aus, verwirrt und besorgt um die Zukunft. Kurz gesagt, alles wie immer.

Für uns Künstler ist die Arbeit ein steter Kampf ohne Ausweg. Wir müssen uns das Brot mit tausend Schwierigkeiten verdienen. Trotzdem beschwere ich mich nicht, ich weiß, dass es manchen viel schlechter geht als mir!

Aber: Es tut mir leid zu sehen, dass sich die Menschen nicht ändern. Es war schön zu hoffen, dass diese Erfahrung uns etwas lehren könnte, aber blitzschnell scheint alles wieder da zu sein, mit dem erschwerenden Umstand, dass die Krise noch beängstigender ist, als wir es uns vorstellen konnten.

Die Neapolitaner sind seltsame Menschen, stark und tolerant, großzügig und wild zugleich. Wenn es jemanden gibt, der sich neu erfinden kann, dann sind sie es. Auf jeden Fall bleibt ihnen, wie schon seit Jahrhunderten, die Kunst, immer irgendwie durchzukommen, und sie werden mit Sicherheit eine Lösung finden.

Myriam Lattanzio, Sängerin

Wir haben gemeinsam »Bella Ciao« gesungen, weil wir den Tag der Befreiung auf keinen Fall in Stille vorbeiziehen lassen wollten, vor allem in diesen Zeiten, in denen eine rechte Ideologie wieder Furore macht und manche Mussolini neu aufwerten. Sie haben wohl vergessen, dass er sich zu retten versuchte, indem er mit dem Geld der Italiener abhaute und seine Frau und seine Kinder zurückließ.

Während des Lockdowns bin ich etwa alle drei Tage rausgegangen, aber ich habe nie Supermärkte gestürmt, wie ich es in den Nachrichten sah.

Für mich hatte der Lockdown eine negative Folgeerscheinung, ich habe mich komplett leer gefühlt. Das Einzige, was ich getan habe, war, DVDs anzusehen, die ich schon lange aufgeschoben hatte.

Ja, es gab solidarische Aktionen. In diesen Tagen lag etwas in der Luft, das auf eine Veränderung hoffen ließ … die dann nicht eingetreten ist. Die Einsamkeit hat mir weniger zugesetzt, aber das Bewusstsein, dass dein Leben, dein Alltag, sich verändert hat. Daran kann ich mich immer noch nicht ganz gewöhnen. Am meisten vermisst habe ich: mal wieder *pizza* zu essen! Das habe ich dann auch als Erstes gemacht. Und wieder durch eine Stadt zu gehen, die nicht mehr völlig verwaist daliegt. Eine Stadt wie Neapel, die immer chaotisch und völlig überfüllt ist, plötzlich völlig leer zu sehen, hat mich in einen Zustand tiefen Schmerzes geworfen.

Neapel ist eine seltsame Stadt. Die Neapolitaner sind daran gewöhnt, alles immer wieder hinter sich zu lassen und weiterzumachen. Und langsam erholt sich Neapel nun wieder.

Das Tattoo des Heiligen

»Glaube und Hoffnung« – das verkörpert San Gennaro für Neapel

Der Mann ist etwa vierzig Jahre alt, geschmückt mit vielen Tattoos und steht in der Menschenmenge vor dem Dom. Er trägt schwarze Kleidung, eine schwere Goldkette, einen schwarzen Bart und eine schwarze, nur wadenlange Hose. Das Detail der Hosenlänge ist wichtig, denn so sieht man auch das Tattoo an seiner Achillessehne: Es zeigt San Gennaro, Neapels Stadtheiligen.

Am 19. September, dem Tag des Stadtheiligen, versammeln sich die Menschen vor dem Dom, um auf das sogenannte Blutwunder zu warten. An diesem Tag soll sich regelmäßig das getrocknete Blut des Heiligen in zwei Ampullen verflüssigen. Ich frage den Mann: »Sie sind sicher Neapolitaner?« »Aber natürlich!«, antwortet er. »Und ich bin am 19. September geboren, wie unser Heiliger.« »Herzlichen Glückwunsch zum Geburtstag!«

San Gennaro – auf deutsche Januarius – stehe für ihn – für alles. Er habe auch eine persönliche Erfahrung, sagt er und schiebt seinen rechten Ärmel nach oben. Der Unterarm zeigt das Tattoo seiner Frau mit seinem Kind, aber auch zerstörte Haut. »Brandwunden. Der Heilige hat mich gerettet.« Wer gläubig sei und Neapolitaner, für den bedeute er alles. »San Gennaro erhört unsere Gebete.«

Er wohnt in Poggioreale, einem Stadtteil im Osten, »wo der Knast ist«. Und sein Name sei Vito, »leider nicht Gennaro!«, fügt er lachend an. Und blickt wieder auf die große Videoleinwand, die das Geschehen aus dem überfüllten Dom überträgt. Das Wunder – *o miracolo* – hat sich noch nicht vollzogen. Alle warten, seit Stunden. Dreimal im Jahr, am ersten Maiwochenende, am 19. September und am 16. Dezember, hofft Neapel, dass sich das verklumpte Blut des Heiligen in den beiden Ampullen im Dom verflüssigen möge. Passiert das nicht, gilt es als schlechtes Omen für die Stadt.

Im Dom herrscht drangvolle Enge. Männer und Frauen sitzen dicht gedrängt, viele stehen in den Seitenschiffen der Kathedrale. Unter der goldschweren Kassettendecke staut sich die spätsommerliche Hitze, Rotkreuzhelfer stehen bereit. Leicht vorstellbar, dass jemand umkippt.

Im langen Gottesdienst wird die Lebens- und Leidensgeschichte des heiligen Januarius gelesen, die alle hier in der Kirche sicher kennen. Doch verlässliche historische Daten gibt es wenige. Er soll Bischof von Neapel gewesen sein, als einigermaßen gesichert gilt die 305 von Kaiser Diokletian angeordnete Enthauptung in der Arena von Pozzuoli, dem westlichen Nachbarort Neapels. Gläubige Menschen sollen zugegen gewesen sein, die das Blut auffingen. Mit ihm hingerichtet wurden sieben Gefährten, und zwar in den Schwefelquellen der Phlegräischen Felder. Die Gebeine Gennaros wurden nach Benevent gebracht, doch als sich 1389 das erste Blutwunder ereignete, wurden die Reliquien nach Neapel überführt.

In der Kirche wird es immer stickiger, einen Sitzplatz hat natürlich nur, wer schon am frühen Morgen hergekommen ist. Ich gehe wieder hinaus auf den Domplatz. Auf der Leinwand sieht man ohnehin mehr als live in der Kirche, es ist wie bei einem Fußballspiel.

Aber was soll man halten von dieser Geschichte, 1700 Jahre altes geronnenes Blut, das sich verflüssigt, wenn man die Glasbehälter schüttelt? Es ist, natürlich, eine Glaubensfrage. Ist wirklich Blut in den Ampullen? Ist es das Blut des Heiligen? Und wie funktioniert das, falls man nicht an ein Wunder glauben möchte? Beantworten könnte man diese Fragen, würde man die Substanz in den Glasbehältern untersuchen. Das aber scheint nicht zur Diskussion zu stehen, die Ampullen bleiben zu. Die Fachzeitschrift *Nature* veröffentlichte Anfang der Neunziger einen Aufsatz, der darlegte, das Märtyrerblut sei mit hoher Wahrscheinlichkeit eine Aufschwemmung aus in Wasser gelöstem Eisenhydroxid mit Kochsalz, ein sogenanntes Thixotrop. Thixotrope Stoffe gehen beim Schütteln vom festen in den flüssigen Zustand über. Wie Ketchup.

Sogar die katholische Kirche bleibt skeptisch dem Blutwunder gegenüber, als offizielles Wunder – ja, so etwas gibt es – wurde es nie anerkannt, es wird aber als Volksglauben toleriert. Doch das Zweite Vatikanische Konzil, das ab 1962 in Rom abgehalten wurde und die Heerscharen der Heiligen neu sortierte, degradierte Gennaro zu einem Ortsheiligen. Aber seit wann interessiert man sich in Neapel dafür, was in Rom beschlossen wurde?

Vor dem Dom herrscht nicht gerade eine ergriffene Stimmung. Man weiß: Das kann dauern. Ein Kommen und Gehen, man kennt einander, Nachbarschaftstratsch wird ausgetauscht, wenige Touristen mischen sich unter die Menschen. Dafür kommen immer mehr Offizielle, Stadtpolitiker, hoch dekorierte Ordnungskräfte in Ausgehuniformen, Frauen in hohen Schuhen. Aus Langeweile und aus Gewohnheit halten Smartphone-Kameras alles fest.

Etwas abseits steht Loredana Monticelli neben ihrem kleinen Souvenirstand. Monticelli, achtunddreißig, Pferdeschwanz, lilafarbene Brille, verkauft heute ausschließlich San Gennaros und beteuert, die würde sie alle selbst herstellen, aus Ton brennen und bemalen. »Da ist nichts aus China dabei.« Noch ist wenig los, sie sortiert die Figürchen neu, schiebt sie mit ihren schmalen Fingern mit den rosafarbenen Gelnägeln auf dem goldenen Brokatstoff hin und her.

Normalerweise betreibt sie mit ihrem Mann unweit von hier in der Altstadt einen Souvenirladen. »Wir machen Schäfer«, sagt sie, das gilt in Neapel als Umschreibung für das gesamte Krippenpersonal. Dazu gehören Bäuerinnen, Schäfer, eher Figuren aus dem Alltagsleben als Heilige Könige. Als Mädchen mit sieben Jahren habe sie mit dem Kunsthandwerk angefangen, »meine Schule war mein Vater«. Er habe ihr alles beigebracht, die Figuren seien traditionell nach Art der Krippen im 18. Jahrhundert »aus Terrakotta oder Holz, fünfzehn bis fünfzig Zentimeter groß, die Augen aus Glas«. Außerdem verkaufen sie neapolitanische Charaktere wie den Gobbetto Sciò Sciò, den buckligen Glücksbringer, der das Böse verscheucht.

Einmal im Jahr darf sie etwas abseits des Doms ihren Stand aufbauen. Näher ran dürfe sie nicht, beklagt sie sich und findet, die Stadt könnte die Kunsthandwerker schon mehr fördern. Die Via San Gregorio Armeno in der Altstadt ist berühmt als Straße der Krippen, »Touristen kommen extra deswegen hierher«. Aber die Guides von den Kreuzfahrtschiffen führen ihre Gruppen nur von einem Laden zum anderen, »die gucken alle nur und machen Fotos, wir sind wie ein Ausstellungsstück«.

Während wir uns unterhalten, tritt sie immer wieder ein paar Schritte zurück, blickt hinüber zur Videoleinwand. Und nun kommt Bewegung in alle, die Menschen vor dem Dom recken die Hälse, groß ist auf der Leinwand der Bischof von Neapel zu sehen. Er hält eine Monstranz hoch, dreht sie immer wieder, darin ist die Ampulle. Neben ihm steht ein Mann in schwarzem Anzug, er trägt also kein priesterliches Gewand. Der Mann ist der offizielle Laienbeobachter, und der reißt nun seinen Arm nach oben und schwenkt euphorisch ein weißes Tuch. Beifall in der Kirche, Beifall auf dem Domplatz, *»Viva San Gennaro!«*, ruft die Menge.

Loredana Monticelli zückt ihr Handy und telefoniert: »Ich bin's, Mama. Das Blut hat sich um eine Minute nach zehn Uhr verflüssigt!« Ihre drei Töchter habe sie angerufen, sie sind fünf, acht und zehn Jahre alt, »ich musste es ihnen sofort sagen«. Die Neapolitanerin wirkt nun gelöst, lächelt. Bevor das Wunder sich ereignet, stehe sie wie unter Strom, »da ist so eine Anspannung, eine starkes Gefühl, und dann, wenn es kommt, da bekomme ich überall Gänsehaut«. Man habe Angst, dass etwas Schlimmes passiert, wenn das Wunder nicht kommt. So wie 1980, als es ausblieb und dann ein Erdbeben mit vielen Toten die Region erschütterte.

Und was bedeutet es für Neapel? »Dass alles besser wird. Das ist eben unsere Hoffnung. Ich gehe selten in die Kirche, aber ich bete. Glaube und Hoffnung, das ist uns geblieben.« Aber nun hat Loredana keine Zeit mehr für ein Gespräch, jetzt bilden sich Schlangen an ihrem Stand, jetzt wollen doch viele eine Heiligenfigur kaufen. Er sei eben der Stadtheilige. »Er beschützt uns«, ruft sie mir noch zu. Die Stadt kann wirklich jeden Schutzpatron brauchen, von San Gennaro über Maradona bis zu de Magistris, den Bürgermeister und Hoffnungsträger.

Von anderer Seite heißt es: »San Gennaro ist der Beschützer aller Immigranten.« Natürlich polarisiert so ein Satz, zumal wenn er von Roberto Saviano stammt. Der neapolitanische Schriftsteller meldete sich just am Tag des Heiligen per Twitter und mit einem Videointerview dazu – aus New York. Auch dort, in Little Italy, wird seit Jahrzehnten am 19. September San Gennaro gefeiert. Little Italy – das natürlich so heißt, weil dort die Immigranten aus Italien landeten. All die Armen, die Tagelöhner, all die, die in ihrem Heimatland kein Einkommen und kein Auskommen mehr hatten, all die Wirtschaftsflüchtlinge also, die sich um die vorige Jahrhundertwende aufgemacht hatten, übers Meer fuhren, auf der Suche nach einem besseren Leben.

Mussolinis Antwort auf Savianos Aussage kam prompt. Alessandra Mussolini, Politikerin, Enkelin des Duce, bekennende Faschistin, drohte, Saviano müsse achtgeben. San Gennaro sei ein sehr beliebter Heiliger, »Saviano riskiert, gelyncht zu werden, wenn er nach Neapel kommt«.

Aber was hatte Saviano so Bedrohliches geschrieben? Sein Tweet lautete: »San Gennaro, der Neapolitaner und Migranten beschützt, ich stelle ihn mir heute als einen Beschützer aller Migranten vor, die ihre Heimat verlassen, um anderswo ein Leben in Würde zu suchen.«

In Neapel ist der Heilige omnipräsent, nicht nur an seinem Feiertag. Auf T-Shirts, Souvenirs und in Wandgemälden. Meist sieht er etwas verträumt aus, mit leichtem Augenaufschlag gen Himmel und hübsch wie ein junger Fußballstar.

Das größte der Murals stammt von Jorit, einem mittlerweile berühmten, 1990 in Neapel geborenen Street-Art-Künstler. Sein Gennaro ziert eine Mauer des Viertels Forcella, am Ende der Touristenmeile Spaccanapoli. Es ist fünfzehn Meter hoch, und zeigt in einer hyperrealistischen Darstellung einen Freund Jorits, einen fünfunddreißigjährigen Fabrikarbeiter, den er als San Gennaro mit golden-bunter Mitra dargestellt hat. Jorit, der einen Abschluss der Kunsthochschule hat, sich selbst nie fotografieren oder filmen lässt, sieht sich so in der Nachfolge Caravaggios. Auch der Barockmaler habe Menschen aus seiner Umgebung, Menschen aus dem Volk abgebildet und ihnen die Gesichter von Heiligen gegeben. Eingeweiht wurde das Riesengemälde 2015, natürlich am 19. September. Im Erdgeschoss darunter ist die Pizzeria Miracolo eingezogen, *miracolo* wie: Wunder. Bei genauerem Hinsehen entdeckt man auf dem Riesenwandgemälde ganz unten rechts im Bild zwei winzige Glasampullen mit rotem Inhalt. Man könnte sie fast für Rotweinkaraffen halten.

Auch im Viertel Sanità ist San Gennaro eingezogen, als Print auf T-Shirts.

»Der Heilige hilft uns«, sagt die Ladenbesitzerin. Aber er allein könne nichts ausrichten. »Ich allein auch nicht.« Neapel sei schön, sehr schön, aber die Neapolitaner müssten darauf achtgeben. Genau dabei aber könne San Gennaro helfen. »Wenn wir Neapolitaner alle zusammenhelfen, wird Neapel eine wundervolle Stadt.«